世紀
人物 100

探險家土匪

哥倫布

趙映雪　著

三民書局

獻給孩子們的禮物

世界上最幸福的孩子，是他們一出生就有機會接近故事書，想想看，那些書中的人物，不論古今中外都來到了眼前，與他們相識，不僅分享了各個人物生活中的點滴，孩子們的想像力也隨著書中的故事情節飛翔。

不論世界如何演變，科技如何發達，孩子一世幸福的起源，仍然來自於父母的影響，如果每一個孩子都能從小在父母親的懷抱中，傾聽故事，共享閱讀之樂，長大後養成了閱讀習慣，這將是一生中享用不盡的財富。

三民書局的劉振強董事長，想必也是一位深信讀書是人生最大財富的人，在讀書人口往下滑落的多元化時代，他仍然堅信讀書的重要，近年來，更不計成本，連續出版了特別為孩子們策劃的兒童文學叢書，從「文學家」、「藝術家」、「音樂家」、「影響世界的人」系列到「童話小天地」、「第一次」系列，至今已出版了近百本，這僅是由筆者主編出版的部分叢書而已，若包括其他兒童詩集及套書，三民書局已出版不下千百種的兒童讀物。

劉董事長也時常感念著，在他困苦貧窮的青少年時期，是書使他堅強向上，在社會普遍困苦，而生活簡陋的年代，也是書成了他最好的良伴，他希望在他的有生之年，分享這份資產，讓下一代可以充分使用，讓親子共讀的親情，源遠流長。

「世紀人物100」系列早就在他的關切中構思著，希望能出版

孩子們喜歡而且一生難忘的好書。近年來筆者放下一切寫作，接下這份主編重任，並結合海內外有心兒童文學的作者共同為下一代效力，正是感動於劉董事長致力文化大業的真誠之心，更欣喜許多志同道合的朋友，能與我一起為孩子們寫書。

「世紀人物 100」系列規劃出版一百位人物故事，中外各占五十人，包括了在歷史上有關文學、藝術、人文、政治與科學等各行各業有貢獻的人物故事，邀請國內外兒童文學領域專業的學者、作家同心協力編寫，費時多年，分梯次出版。在越來越多元化的世界中，每個人都有各自的才華與潛力，每個朝代也都有其可歌可泣的故事，但是在故事背後所具有的一個共同點，就是每個傳主在困苦中不屈不撓，令人難忘的經歷，這些經歷經由各作者用心博覽有關資料，再三推敲求證，再以文學之筆，寫出了有趣而感人的故事。

西諺有云：「世界因有各式各樣不同的人群，才更加多采多姿。」這套書就是以「人」的故事為主旨，不刻意美化傳主，以每一位傳主的生活經歷為主軸，深入描寫他們成長的環境、家庭教育與童年生活，深入探索是什麼因素造成了他們與眾不同？是什麼力量驅動了他們鍥而不捨的毅力？以日常生活中的小故事，來描繪出這些人物，為什麼能使夢想成真。為了引起小讀者的興趣，特別著重在各傳主的童年生活描述，希望能引起共鳴。尤其在閱讀這些作品時，能於心領神會中得到靈感。

和一般從外文翻譯出來的偉人傳記所不同的是，此套書的特色是，由熟悉兒童文學又關心教育的作者用心收集資料，用有趣的故

事，融入知識，並以文學之筆，深入淺出寫出適合小朋友與大朋友閱讀的人物傳記。在探討每位人物的內在心理因素之餘，也希望讀者從閱讀中，能激勵出個人內在的潛力和夢想。我相信每個孩子在年少時都會發呆做夢，在他們發呆和做夢的同時，書是他們最私密的好友，在閱讀中，沒有批判和譏諷，卻可隨書中的主人翁，海闊天空一起遨遊，或狂想或計畫，而成為心靈知交，不僅留下年少時，從閱讀中得到的神交良伴（一個回憶），如果能兩代共讀，讀後一起討論，綿綿相傳，留下共同回憶，何嘗不是一幅幸福的親子圖？

2006 年，我們升格成為祖字輩，有一位朋友提了滿滿兩袋的童書相送，一袋給新科父母，一袋給我們。老友是美國國家科學院院士，曾擔任過全美閱讀評估諮議委員，也是一位慈愛的好爺爺，深信閱讀對人生的重要。他很感性的說：「不要以為娃娃聽不懂故事，我的孫兒們一出生就聽我們唸故事書，長大後不僅愛讀書而且想像力豐富，尤其是文字表達能力特別強。」我完全同意，並欣然接受那兩袋最珍貴的禮物。

因為我們同樣都是愛讀書、也深得讀書之樂的人。

謹以此套「世紀人物 100」叢書送給所有愛讀書的孩子和家庭，以及我們的孫兒——石開文，他們都是世界上最幸福的孩子，因為從小有書為伴，與愛同行。

紛紛擾擾哥倫布

關於哥倫布，最常聽到的一則軼事是這樣的：

在哥倫布第一次航行回來時，西班牙國王、皇后設宴盛情款待他，有個大臣吃醋了，就說：「那些地方本來就在那裡，哥倫布只不過搭著船往西走、往西走，就遇到了那些地方。任何人只要搭船往西，都會碰到那些地方的嘛，有什麼了不起。」

這時哥倫布拿起桌上的一顆蛋，問宴席上有誰能讓雞蛋豎起來站著。

大家試了又試，就是沒有人辦得到。

這時哥倫布將手上的蛋在蛋頭那端輕輕的敲破，剝掉一點蛋殼，蛋就豎起來站著了。

他說：「很多問題只在於敢不敢。我敢將蛋敲破，所以我的蛋站得起來。我敢在沒有人往西行時，當第一個往西行的人，所以我就找到了那些地方。」

他講的話多麼有道理啊！

只可惜，我無法跟您保證這是一則真實的故事。

相信在讀這本傳記之前，讀者一定已經讀過許多名人英雄的故事了。有許多傳記，強調的是真實性。可能那位偉人從小就嶄露頭角或出身貴族，所以對他的紀錄特別多。那樣的話，他的傳記可以

寫得很仔細。不過，這當然也有危險性，就是大家光挑好的寫，那個偉人會變成一個從小沒有缺點，只有遠大志向的人。

但是，有詳細紀錄總比沒有好，我們常見的情況是，大家並不知道身旁那個看起來像小混混的人，以後會成為改造世界的人，也因此沒對那個人多加注意。尤其是幾百年前的人，那時候沒有戶口名簿，孩子不一定有學校可讀，看病沒有就醫紀錄，到別的國家不需要護照。所以，要從什麼都沒有之中，去找尋一個後來變得有名的人的生平，實在是非常困難的一件事情。

就因為這樣，在讀這本書之前，各位讀者要先有個認識，就是請把這本書當作名人「小說」來讀，而不要百分之百相信裡面的每一件事情。「小說」，表示「不一定是真的」，這些「假的東西」有的是因為後人要塑造給哥倫布一個比較完美的形象，而故意作假，有的則是因為當初的紀錄遺失或不足，而眾說紛紜所形成的錯誤。我特意讓書中哥倫布的故事出自兩個不同種族女孩的口中，除了兩人看待他的角度不同，內容上也有不少互相牴觸的地方，那是因為後人對哥倫布的研究非常多，不可能發表出一個令大家都信服的單一說法。為了寫這本書，我參考的書籍多到數不完，幾乎要迷失在那一段撲朔迷離的歷史裡。關於他的生平、所到之處等等大家意見相左沒關係，重要

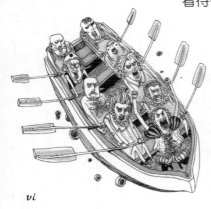

的是，他的確是第一個踏上美洲的歐洲人，這個壯舉及其對後世的影響，才是大家想來認識他的重點。

因為他的冒險，今天的世界，今天的歷史，才會是目前的風貌，雖然這個風貌不見得是最好的，當初住在美洲的原住民，可能都希望從來沒有一個叫做哥倫布的人來過。因為他的到來，他們原本與世無爭的生活被改變了，族人被殺了，疾病傳進來了，人變得貪婪、勢利，整個美洲也拱手成了歐洲人的。但，這已經是無法改變的事實，接不接受不再是重點。我們今天要了解世界，研究歷史，還是得來看看這一位的確與眾不同的名人。

寫書的人

趙映雪

曾經在美國俄亥俄州首府哥倫布市住過六年的趙映雪，對於哥倫布這位探險家有一份間接的親切感；目前的趙映雪住在另一個深受哥倫布影響的都市——南加州的聖地牙哥，這裡西班牙文與美語並行，處處留著西班牙人統治過的痕跡。這也是她選擇寫這一本傳記的原因了。

探險家土匪

哥倫布

目次

Christopher
Columbus

哥倫布

1451～1506

喬安娜・瓊斯

　　嗨，我是喬安娜・瓊斯，是個身上流著英國人、西班牙人、德國人，還有太難追蹤各種血統的白人。

　　我好幾代前的曾祖父母是 19 世紀中從英國和西班牙搭船到美國來的移民，他們那時才十幾歲，在紐約認識後就結婚了。後來我的曾祖父娶了從德國來的曾祖母，祖父又和有挪威、丹麥血統的祖母結婚。仔細算來，我爸爸這邊的血統還理得出來，但媽媽那邊就複雜了。她的祖先是搭五月花號來的*，但後代又回歐洲去讀書，他們的孫子長大後移

放大鏡 ───── ＊ 1620 年，一○二位不滿英國國教派的清教徒搭乘五月花號離開英國，來到北美洲，自此，嚮往宗教自由的移民者便急遽移至北美，終於建立了北美洲東北角的十三個殖民地。

民美國，在美國跟來自義大利、英國的人結婚，因為沒有家譜，後來根本追蹤不了。所以爸媽跟我說，不要管血統了，他們唯一知道的是，我是個祖先來自歐洲的美國人。

2004 年 10 月 12 日是哥倫布發現美洲的第五百一十二年紀念日，社會科老師要我們仔細研讀哥倫布發現美洲新大陸的來龍去脈，並想想這其中的意義，然後做一篇報告。

哥倫布來到美洲的影響當然相當深遠，如果沒有他在五百多年前破天荒的做了這一趟航行，不知道今天的世界會怎樣。要不是他，那些受宗教迫害的人不會有一片新大陸可以遷移；要不是有這片新大陸，歐洲人不可能飄洋過海來這裡尋找新生活；要不是新生活充滿活力，現在世界各國的人不可能遠離家鄉來這裡讀

書、工作。我無法想像一個沒有哥倫布發現美洲的世界，無法想像一個沒有美國存在的世界。哥倫布為歐洲人開創了一片新天地，由於他的成功西航，後人紛紛跟進西行過來，終於發現這是一塊大得超乎他們想像的大洲。南美、北美的探險與開發，麥哲倫創紀錄的繞行世界一圈，都要歸功於哥倫布的歷史首航。從今日的中南美洲幾乎都是西班牙文的天下這點看來，就足以顯示哥倫布為西班牙開創這條航線的影響力有多深了。

由於美洲的發現，歐洲人驟然多了一大塊可以開發、可以移民的新世界。歐洲人照著自己的生活習慣，在美洲找到最適合他們居住的環境；同時隨著歐洲政治實力的消長，北美成為英國統治下的領地。殖民地的人民在無法忍受英國的無理要求後，成功

的護衛自己，宣布獨立，以民主、自由為訴求重點，今日的世界終於有了美國這樣一個超級大國。

如果美洲沒有美國，今天的美洲會是怎樣的一個地方呢？如果世界上沒有美國，今天的世界又會是怎樣的一個地方呢？

阿蜜酡拉·布拉佛

　　嗨，我是阿蜜酡拉·布拉佛，是有著墨西哥人、美國人、中國人和美國原住民血統的中學生。我的許多同學可以講他們是白人、黑人，還是黃種人，但我不能，因為我身上流著的各種血液讓我不知道如何正確說出我是哪裡人。

　　阿蜜酡拉是媽媽特別為我取的原住民名字，是彩虹的意思。她說要給我一個原住民身分，因為雖然她知道自己流著原住民血液，卻已經不知道自己到底屬於哪一族或哪幾族的混合，從她的名字莎拉·沙朗來看，更沒有人會知道她是個流著原住民血液的人。所以媽媽特別給了我這麼特別的一個名字，好讓大家一看就知道我是與眾不同的。

　　我如此的介紹自己，是因為社會科老師要我們查閱書籍，研究哥倫布發現美洲新大陸的前因後果，然後做一篇報告。這是個很有趣的題目，在老師給我

們題目前，我從不曾好好想過哥倫布發現美洲的意義。這是一件好事嗎？是一件壞事嗎？是一件有好有壞的事嗎？

如果不是哥倫布在 1492 年來到美洲，將美洲據為己有，濫殺原住民，並捉拿他們到歐洲當奴隸，更將歐洲的疾病傳進來，帶來原住民的大滅絕，也許今天的美洲還是原住民的天堂。

但如果哥倫布不在 1492 年來到美洲，歐洲的移民不過來，今天的北美洲，會是怎樣一個光景呢？是一片安和樂利的桃花源？還是與世隔絕的未開發世界？而且，就算哥倫布在 1492 年不來，說不定幾十年後或幾百年後，照樣有別的地方的人會來。給別人「發現」美洲會是比較美好的事嗎？他們會比哥倫布講理嗎？他們會比較尊重這片土地上的原住民，跟原住民一切按照規矩來嗎？美洲的原住民可能到今天還如五百年前那麼多樣、那麼豐富嗎？還是只是換一個地方的人來濫砍濫殺而已？

歐洲人慢慢的也覺悟到自己在開發

美洲時犯下的錯誤，現在的美國盡力的在保護原住民文化，希望能為前人的錯誤做些彌補。換了其他國家來開發這片美洲，情況會比較樂觀嗎？

　　人都是自私的，總是在衣食足後才知榮辱。雖然我為美洲原住民的大量消失感到心痛，但是如果這段歷史可以重寫，我會希望如何重寫呢？我不知道，這是個我在寫這篇報告前得好好想想的問題。

背景──
1492 年的歐洲

今天，只要提到了 1492 年，大家馬上就會聯想到美洲與哥倫布，因為哥倫布在那一年的 10 月 12 日抵達了美洲。美國更將這天訂為哥倫布節，年年慶祝這個節日。

但是 1492 年，到底是怎樣的一個年代呢？那時的人有些什麼，沒有些什麼？當時的交通工具是什麼？歐洲整個政治、宗教、經濟情況又是如何呢？哥倫布是在什麼動機、背景下，會積極推動這一趟沒人看好的西行呢？

我們要了解哥倫布發現美洲這件大事，就必須先來看看 1492 年到底是怎樣的一年。

1492 年的世界總人口大約不到四億，歐洲人在歷經了 14 世紀

中期的世紀黑死病＊後，正慢慢在復原中。那時的中國，正當明孝宗弘治年間。中國在當時是比歐洲進步的國家，已經有了時鐘、火藥、測震儀、醫院等工具或機構，中國明朝的鄭和已在八、九十年前就率領船隊上東洋、下西洋＊了。

　不過，這些歐洲人當然都不會知道。他們當時對世界的了解十分有限，經過葡萄牙人多年的努力，他們在四年前剛剛駛過好望角，終於走到了非洲西岸的盡頭，開始知道可以由非洲開發向東方的路線。

放大鏡

＊黑死病　歐洲在 1347 年出現鼠疫大流行，在三年之內奪走當初歐洲三分之一人口（約二千五百萬人）的性命。由於得病者皮膚會出現黑色斑塊，而且死亡率甚高，因此被稱為是「黑死病」。

＊根據中國在 2001 年「開展鄭和下西洋六百週年紀念活動」研究會之結論，東、西洋以麻六甲海峽為界，鄭和非常可能曾在 1404 年有日本之行，可算到東洋。而從 1405 年開始，鄭和曾七次經過東洋而下西洋。

　　那時歐洲的世界地圖已經接受了地球是圓的觀念，但他們所認識的地球，比實際上的小了約百分之二十五。若是翻開當時歐洲的世界地圖，可以發現最完整的當然是歐洲國家，目前的中亞如伊朗、土耳其、阿拉伯等國家因與歐洲有商業往來，歐洲人對他們的地理位置了解也不少。

　　至於非洲，西半部輪廓已出現在地圖上，但東半部則仍在謎團之中。再往東的印度、中國、日本，是當時歐洲人所謂的「印地」，只是一個大概的樣子，畫不出正確的地理位置。由歐洲西邊來看，會發現若從歐洲的西南、非洲的西北畫一條直直的橫線往西，會碰到日本的北部。在這兩者之間，沒有其他土地。

　　1492 年的每個歐洲國家，都洋溢著一股冒險、復興的風潮，義大利是藝術、音樂的主流所

在，世紀奇才達文西那年四十歲，和哥倫布、伊莎貝爾皇后同年紀；藝術天才米開蘭基羅當年只有十七歲，卻已經創造出偉大的作品了。那時，地圓說普遍被學者相信了，後來提出日心說＊的大天文學家哥白尼，1492年時正在波蘭上大學。

正因為新觀念、新學說不斷的提出，新土地、新航線不斷的開發，所以出海找尋新土地是每個國家、人民都在想的事，其中尤以葡萄牙、西班牙最是積極，海外探險幾乎成了全民運動。在15世紀中，統治葡萄牙的國王亨利被譽為「領航員亨利」，他成立領航學校，訓練航海、探險人員，讓葡萄牙成為海外探險的第一先鋒。

那時的西班牙，東北部由費迪南國王領導，其餘大部分地方則由伊莎貝爾皇后所統治，兩人

結婚後，勢力一下子大了起來，於是發動內戰想要統一整個西班牙。篤信天主教的皇后更異想天開的要全西班牙境內的人都信奉天主教，於是竭盡所能的要趕走境內不信奉天主教的猶太人與阿拉伯人*。

　　哥倫布在 1485 年即開始說服西班牙國王、皇后資助他出海，但由於這些事件，資助哥倫布的大事在他們手上拖了七、八年的時間，他們不願意哥倫布為其他國家出海，卻又無心，也沒錢資助他。直到 1492 年，內戰與猶太人的事情都解決了，哥倫布才得以出海。哥倫布出海的同一天，也是最後一批猶太人被限定離境的時刻。

＊日心說　日心說認為太陽是宇宙的中心，地球和其他行星繞日運動。
＊猶太人信仰猶太教，阿拉伯人信仰伊斯蘭教。

　　伊莎貝爾皇后對西班牙而言，是一位功過各半的人物。她和國王費迪南兩人在戰時經常跟著軍隊旅行，和平時期則自己下鄉出巡。當時的人如果對稅務有任何抱怨或是在土地買賣時遭到不平待遇，他們都可以向法院提出告訴，而在上面聽審案子的人，可能就是皇后本人。那時主要的交通工具是徒步或騾子，也由於經常往來各城市鄉下之間，他們對於交通建設十分重視，在她和費迪南國王執政期間，總共為西班牙造了七百座新橋梁。

　　與當時其他國家的君王比起來，他們兩人算是相當民主、節儉的了。在其他國王苛徵重稅以供自己揮霍的年代，他們將重點放在建設國家。伊莎貝爾皇后經常衣著簡樸的往來各地，當然，她也有可以在適當場合炫耀的服飾，但通常她不是一個很在乎華

麗衣服、美麗寶石的人。

　　伊莎貝爾皇后出身皇室，本身接受了良好的教育，熟悉拉丁文、琴藝並且關心時事。在皇宮中，她擁有兩百多本藏書，在那年代可謂是藏書豐富了。她會親自教導孩子讀書寫字，不管是兒子女兒都一視同仁，絕對沒有歧視女孩的舉動。她的四個女兒一個兒子都能讀寫拉丁文，擔任皇室工作毫無困難，其中一位女兒凱薩琳，後來還成為英王亨利八世的第一任妻子。

　　然而和當時歐洲其他國家相比，西班牙在教育方面可謂十分落後，伊莎貝爾皇后覺得十分丟臉，所以在 1472 年和 1526 年期間，為西班牙籌劃創建了九所大學。儘管如此，大學教育依然是少數特權人士或富貴商人的專利，尋常百姓只能充當學徒或靠神職人員的教導來求取知識。

　　那年代平常百姓家的男孩，已有機會到認字學校去學認字；不過商人孩子則可能請家教或送入專業學校一直念到大學。至於女孩子呢，除非是皇室貴族或高層階級人士的女兒，才能得到私人家教來教授拉丁文和學習樂器的機會，商人也許會將女兒送到修道院去上學，其餘的女孩只能待在家中煮飯縫紉，或幫忙父母親的事業。十歲的女孩可能就得全權負責家事，十五歲的女孩則早該出嫁了。

　　雖然，伊莎貝爾皇后在歷史上因為資助哥倫布出航而名流千古，在西班牙也是建樹豐碩，但由於後來在開發美洲那片處女地時，投入過多人員和精力，太急於想霸占那片大地，使得國力在富強後逐漸衰弱。加上她篤信天主教，排斥其他宗教，還逼迫已在西班牙生根定居的猶太人及阿

拉伯人出走。猶太人及阿拉伯人向來擅長經商，掌控商業命脈，他們被迫離開熟悉的家，在歐洲四處漂泊，到處被趕。西班牙的經濟實力從他們離開後，便再也難以復原，而西班牙也從一個原本與葡萄牙並列的大國，逐漸衰減成一個不再具有舉足輕重影響力的國家。

信件——
1492 年的美洲

　　1493 年 1 月，在哥倫布完成他的歷史西航，開始回航往西班牙時，他心中對於自己的成就是怎麼看待的呢？經過多年的奔走，漫長的等待，他終於得以實現夢想，成為歐洲第一個由西方水路向東方航行到達「印地」的人（他不知道其實他到達的地方，對歐洲人而言是個全新的大陸），他那時心中有多得意呢？回到西班牙，他即將獲得皇室承諾他的頭銜與錢財，全歐洲的人都不會再將他的理論視為一派胡言，每個人看到他帶回來的東西、動物、人，都會對他肅然起敬，相信他是個最有遠見、最勇敢的英雄。

　　但是，他也有他的顧慮。《馬可波羅遊記》裡那屋頂鑲金、熱鬧繁榮的中國、日本他全然沒看到；他承諾皇室要帶回來的金銀珠寶也完全沒有著落。他雖然自以為是的占領了所到之處的所有

島嶼，但這些顯然都只是進入中國、日本的跳板（他如此以為），而不是那繁華的本身，他需要皇室投入更多精力與金錢，才能繼續去尋找那個有茶葉、有絲綢、有香料的地方。但他要如何說才能取信於皇室呢？伊莎貝爾皇后要聽到什麼、看到什麼，才會覺得值得繼續投資呢？

這些島嶼的人連衣服都沒有，武器也不多，所謂金、銀都只是掛在他們身體上的一點點裝飾。他在各島嶼之間奔波尋找，總是找不到比較大量的金礦或金屬礦。他要如何向西班牙皇室交代這樣的結果呢？

為了吹噓自己的成就，為了說服皇室撥出更多的船隻、人力與金錢，他在回程寫了一封信，詳細描述他這趟出航的細節，有的是實情，有的誇大自己的功勞，有的美化自己和船員的惡行，還有的是描繪當地美麗、肥沃的風土。以下便是這封信重要的節錄：

「我在離開加那利群島＊的第三十三天抵達了印地安海，發現非常多的島嶼。島上都住著人，我已將所有島嶼與人民都收歸在我們最幸運的國王統領之下，我在這些島嶼上公開此宣示，讓我們的旗幟飛揚，沒有人上前來反對。」

「在一個我命名為皇娜＊的島嶼上，我沿著她的西海岸航行了好一段距離，茫茫沒有盡頭，我猜這一定不是個島嶼，而是中國大陸，然而我沒看到任何大城小鎮。」

「在我所說的皇娜和其他島嶼上，土地肥沃，處處都是寬廣安全的港口。上頭有許多清澈的小

放大鏡

＊加那利群島　英文為 Canary Islands，有七個島嶼，延伸在非洲西北海岸外七十到三百哩之間。哥倫布的三艘船艦在這裡做了最後的修補與補給後，才正式往西尋找通往印地的水路。

＊皇娜　現在的古巴。

溪、高聳的大山，這些地方都非常美麗、高雅，出入容易，還有很多種高大的樹。這些樹葉似乎不會凋落，綠油油的有如西班牙五月的樹木。」

「皇娜有絕佳的松樹，大片的平原和草地，種類不同的鳥，各種各樣的蜂蜜，還有很多種的金屬礦，但就是沒有鐵。在一個叫做西斯班諾拉＊的島上，有美麗高大的山，寬大的土地與森林，肥沃的平原，非常適合耕種，建蓋住屋。」

「西斯班諾拉島的樹、牧草、水果都明顯與皇娜不同，這個島上還有相當多不同種類的香料、金子和金屬。」

「我看到每個島上的人不管男女，都是光著身子，就像剛來到這個世界時的模樣。但也有些女

放大鏡

＊西斯班諾拉　現在的海地。

人特別用葉子或是棉布來遮住身體。」

「印地安人一見到我們的人來到，會飛快的逃走，父親推著孩子，孩子推著父親。這並不是因為任何人曾受過任何傷害，對於我拜訪過、交談過的每個人，我都有什麼就給他們什麼，布啦，其他很多東西啦，沒有要求一點回饋，他們天生就是那麼害怕膽小。」

「島上的人都相當慷慨，不會拒絕任何人要求的東西，甚至還問我們要什麼。他們看起來愛他人比愛自己更多，拿很好的東西來換些小玩意兒，不管換回的東西是多麼小，甚至是沒有回報，他們都一樣滿足；不過，我禁止船員拿很小或幾乎沒價值的東西給他們，像杯盤碎片、玻璃，或鑰匙、皮鞋帶等等，即使他們拿到這些東西時感覺就像拿到世界

上最美的珠寶一樣。真的曾發生過，有個船員拿鞋帶換了價值三個金幣的金子。」

「我禁止他們這樣做是因為這是錯的；我給他們很多漂亮美麗的東西，是我自己帶來的，沒有要他們用什麼跟我換，為的是讓他們對我友善一點，讓他們能來尊崇耶穌，讓他們能對我們的國王、皇后、王子和整個西班牙國家充滿了愛。當然也讓他們能發自心底的願意尋找、收集，將那些他們有很多，但我們很需要的東西送來給我們。」

「這些人並不崇拜任何偶像，相反的，他們堅信所有力量 —— 事實上是所有的好事 —— 都來自天上，而我跟這些船、船員對他們來說都是來自天上。有了這樣的相信，不再懼怕我們後，我們就這樣像天神般的被接待了。」

「有幾個印地安人現在就跟著

我回來，還是相信我是從天上來的，雖然他們已經跟我們住了一段時間了，還是如此認為。」

「雖然我說過，我已經為我們最無敵的國王取下了所有土地，他們的政府也完全願意為我們國王效勞，我還是特別拿下了一個地理位置很優越的大城……。在那裡建造了一個堡壘，現在應該已經蓋好了，我視需要留下了一批人、許多武器和足夠過一年的食物。」

在那個仍相信地球是宇宙中心的年代，哥倫布似乎也相信西班牙是世界的中心。他所到之處，也不管那是中國的、日本的，還是那些人、自己的，馬上插幾支旗子命個名，就認為可以變成西班牙的；那些人長得不像歐洲人，沒有武器、看到陌生人就跑，便覺得他們天生比較笨又膽小；他們不懂得穿衣服、誤認哥倫布來自天上，就馬上想到

要如何將這些好騙的人送到西班牙當奴隸。

　　在這種大歐洲人主義的作崇下，這些小島的印地安人在哥倫布抵達後的五十年內幾乎被消滅殆盡，有的因歐洲人傳來的疾病身亡，有的被後來毫無人性、紀律的西班牙人殺害，更有許多人被強迫送往歐洲當奴隸。原本與世無爭的美洲原住民，就這樣被捲入了世界的紛爭之中，許多種族就此滅絕，成為哥倫布踏足美洲後的最大犧牲者。

誰是哥倫布？

　　雖然現在全歐洲、美洲沒有人不知道哥倫布，但在 1492 年之前的哥倫布，只是個沒沒無聞的小子，當時絕對沒有人會想到去記載這樣一個不起眼的人的生平。即使在他西航成功之後，還是沒有人想到他的影響會如此之大，所以對他的紀錄依舊非常有限。目前對這位世界名人的所知幾乎只有這樣：

　　哥倫布姓哥倫布，名字是克里斯多夫，於 1451 年出生於義大利熱內亞，他的父親是織布工人，有兩個弟弟，但有另一說是三個弟弟、一個妹妹。雖然父母希望他能繼承衣缽，繼續家裡的織布行業，但十幾歲的哥倫布對織布並無興趣，反而一心嚮往海洋。父母知道他的心意後，曾讓

他帶著家中的布，跟著商船到別的城市去賣。哥倫布相當珍惜每一次上船的機會，即使他只是一名乘客，仍然很勤快的在船上幫忙，去接觸有關航行的知識。他在船上學會看星星、看天氣，也訓練出了一流的海上方向感。

二十幾歲時，哥倫布第一次以水手的身分出海，跟著五條船一起往英格蘭出發，沒想到出師不利，這首趟的出航，竟遭到十三艘海盜船的攻擊。哥倫布搭乘的船沉了，還好他命不該絕，及時抓住了一根槳，就這樣隨著海浪游到葡萄牙岸上。

也算是幸運吧，當時他的弟弟巴多羅梅在葡萄牙的里斯本從事地圖製圖工作，哥倫布便前去投靠弟弟。也就是在地圖店工作期間，哥倫布有機會接觸到最新版的地圖。當時的葡萄牙是歐洲的航海先鋒，他們派遣的探險家

出海到處尋找新的島嶼、陸地與航海途徑，回來後就到地圖店去將這些新發現添進地圖中。哥倫布的工作，讓他知道了航海家不斷的在發現新陸地、新海線，或許也為自己往後西行的壯舉，埋下了根源。

在這段期間，哥倫布努力學習三種語言，學習葡萄牙文，好與水手交談，學習拉丁文，好閱讀書籍，還有學習當時代表高文化的西班牙文，好讓自己能打入上流社會。地圖店的工作，讓哥倫布從此成為對世界瞭若指掌的地理師與製圖師。

但就如上面所提過的，哥倫布活著的時候，並不是一個眾所公認的「偉人」，他對世界的影響，是後來慢慢造成的。在他過世之前，甚至不確定自己到的不是亞洲，而是個不為歐洲人所知的另一大洲。所以，即使在義大

利、西班牙的歷史紀錄裡，對哥倫布的生平也沒有特別的記載。

在哥倫布自己及兒子的著作中都蓄意不提及生平，兒子費南多甚至聲稱父親上過大學，但卻查無此證，也許只是故意混淆視聽，或兒子想把爸爸塑造成比較偉大的人而已。也因為記載太少，關於哥倫布的生平，還有一派解釋為何關於他生平紀錄會如此之少的傳說。

許多人相信哥倫布之所以極力隱藏自己的身世，是因為他是個猶太人。雖然在他留下來的文件中，處處顯示出他是個虔誠的天主教徒，但不論再如何虔誠，倘若他真是猶太人的話，他是沒機會尋求西班牙國王給他資助出海的。

15世紀末，已經在西班牙定居百年的猶太人和阿拉伯人，突然遭到西班牙皇室中篤信天主教

的伊莎貝爾皇后的排斥。她要他們皈依天主教，改變所有的生活習慣，否則就驅逐出境。猶太人是她的第一個目標，許多猶太人被以莫須有的罪名處死。事實上，後來哥倫布首次出航西行的那一天，1492年8月3日，也是最後一批猶太人被遣送出境的日子。

正因為猶太人受到西班牙皇室的排擠，國王怎麼可能出資給一個猶太人出航呢？如果哥倫布真的是猶太後裔，在向葡萄牙國王尋求不到資助後，也難怪他必須隱姓改名，以完全不同的身分出現在西班牙國王面前了。

哥倫布究竟是義大利人還是猶太人其實並不重要，重要的是他為歐洲人尋找到了這一片廣大的土地，歐洲歷史因他此行而完全改觀，世界探險的足跡，也因他發現美洲而一日千里。他將美

洲帶入了世界版圖，從他之後，船隻漸漸駛入不為人知的河流、湖泊、海洋，最後，終於能將地球版圖完整的拼出。

哥倫布是誰？

　　哥倫布是誰？這是個很值得探索的問題。在 1992 年哥倫布到達美洲的五百週年紀念時，出版社出版了非常多關於哥倫布的圖畫書、傳記，書上都說他是個紡織工人的孩子，出生在義大利熱內亞。但是十幾年過去了，隨著最新科技的運用、推理，開始有學者對這廣為大家所接受的故事提出了質疑。他們不相信哥倫布是義大利人，因為：

　　一、在哥倫布所有的著作中，完全沒有以義大利文寫成的，即使只是一封家書，也不見他用應該是母語的義大利文書寫，這似乎不合常理。若說著書是為了給上流社會人士閱讀，所以用西班牙文書寫，這點大家可以接受。但連簡單的家書，都不用自己的母語，就有悖常理了。

　　二、在哥倫布第一趟西航歸來後，受盡了西班牙皇室的禮遇。當時的熱內

亞大使就在巴塞隆納，卻沒有與有榮焉的歡迎這位應該是熱內亞人的哥倫布，沒有提及哥倫布是自己故鄉的人，這似乎不合人性與道理。

三、當時熱內亞人在西班牙位高權重，也有很多被尊為老練的航海家。倘若哥倫布真是熱內亞人，應該經常提及出生地，以此自豪才是，但卻沒有。

四、在西班牙的官方文件中，從未指出哥倫布是熱內亞人，只簡單的說「克里斯多夫‧哥倫布，外國人」。

五、哥倫布本人從未自稱為「克里斯多夫‧哥倫布」，在一份寫著「熱內亞，那裡是我的出生地，也是我出發的地方」的信件，是在哥倫布死後多年才出現的，學者認為那是後人為爭奪他的遺產而捏造的。

如果哥倫布不是義大利熱內亞人，為什麼會這樣謠傳下來呢？那麼他是哪裡人呢？每個人都想光宗耀祖，讓家鄉以自己為榮，有什麼道理他要隱瞞自己真正的出生地呢？許多學者從文獻中推

論，哥倫布原來並不叫哥倫布（其實在所有文件中，他也從沒有這樣簽過名，都簽了克里斯多，加上一個沒有人看得懂的圖案），他不是熱內亞哥倫布家族的人，而是當時西班牙東部一個被西班牙王族視為叛軍的加泰隆尼亞公國的人，他的原姓應該是哥倫。

加泰隆尼亞公國在 1462 到 1472 年十年間，起兵反叛當時的西班牙國王，起義的核心家族之一，就是哥倫家族。幾年後這位國王的兒子繼承王位，也就是後來資助哥倫布西航的費迪南國王，他因為年輕時曾參與此戰爭，所以上位後與皇后伊莎貝爾處處刁難加泰隆尼亞人。學者認為哥倫布之所以不願提及出生地，對自己生平故意模糊事實，甚至捏造事實，就是因為他是來自此處的人，是哥倫家族的後代。他如果讓西班牙國王知道自己真正的出身，不引來殺身之禍就不錯了，更別妄想獲得資助。

哥倫家族出身貴族，教育水準高，有些家族成員也是航海家，這也是為什

麼哥倫布能博學多聞，擁有豐富的航海領導經驗，以及不錯的著作能力了。當時支持哥倫布的許多朋友都是加泰隆尼亞人，而詆毀他的人，則大多數是在戰爭中與哥倫家族為敵的家族。而且在哥倫布的好幾本書裡，都流露出有加泰隆尼亞的背景。這一派說法漸漸得到較多人的同意，不過，也還未真正獲得證實。五百年前的事，究竟能靠科技追查到如何精細的證據，大家又會信服到何種程度呢？

對於哥倫布的出身、真名，真是眾說紛紜。有人非常在乎的要釐清他的身世，還他本姓真名；但也有人認為他是哪裡人、叫什麼，一點也不重要，重要的是他的確是第一個從歐洲西航到美洲來的人。沒有他的壯舉，今天歷史絕對要重寫。但是，唉！有多少人多麼希望這個歷史可以重寫呢！

發現
新大陸之前

　　哥倫布到底是何方人物，至今沒有個定論，但不要緊，這並不影響他發現美洲的事實。不過，哥倫布從來沒想過要去發現新大陸，他真的想做的，是找出一條從大西洋通往東方的水路。當初歐洲人統稱波斯、印度、中國、日本為印地，因此哥倫布心中的使命，就是不走傳統水路加陸路的方法，而是由西班牙直接往西航行到印地。至死之前，哥倫布從來沒承認過他四次西航所到之處不是印地，而一直認為他發現的那些島嶼，位於印地東方，是入印地的門檻。

　　那時候根本沒有人知道在歐洲西方、印地東方，還卡著那麼大的一個洲在中間，而且也不是很多人相信從歐洲西航，真的到

得了印地。當初的世界地圖，比實際的小了百分之二十五，在歐洲和印地之間，什麼也沒有。如果有機會看到那時哥倫布心目中的地圖，會發現畫法是這樣的：由西班牙往南航行到非洲西北外海的加那利群島後，直直往西就會抵達日本。

儘管許多人相信地圖上所畫是正確的，但哥倫布異於常人之處，在於他是少數不但相信由歐洲西航絕對到得了印地，而且還真正打算去做的人。當初許多學者根據理論相信地球是圓的，那麼照這個理論來看，不管從歐洲往東、往西，最後一定會碰到印地。但理論歸理論，大家都是說說而已，沒有人真的敢付諸行動。而哥倫布正是那第一個積極想去實現這理論的人。

在他二十幾歲漂流到葡萄牙之前，他的航海知識僅限於地中

海，唯一一次由大西洋往北的機會，就遭到海盜攻擊，但這並不影響到他對海的憧憬。在地圖店的工作，讓哥倫布長了很多見識，他知道葡萄牙的水手，不斷的在發現新的小島、新的航海路線。往西的海路似乎永無止境，今天他畫進了一個新的島嶼，下個月，比那小島更西更南還有島嶼。也許在他不斷更新地圖的同時，他心中對於那片汪洋大海也有他自己的想像，他漸漸的對這片水域感到興趣，開始收集資料，尋求走進這片大海的可能性。

來到葡萄牙的隔年，哥倫布終於又有機會跟著船往北到英格蘭、冰島去。對於大海西邊的陸地，冰島人有自己一套故事。據說，冰島人是西元 780 年時由挪威移民過去的。挪威後代的冰島人艾瑞克在西元 985 年時，發現

了在冰島西邊的格陵蘭島，並漸有一些冰島人移居於此。之後有一次，一群冰島人在格陵蘭島附近遇到暴風雨，將他們的船隻往西直打，直到他們發現了一片覆蓋著綠樹的陸地（現在的北美洲）。當時，這群冰島人並不敢貿然上岸，只在後來回到格陵蘭島時，將這個發現告訴大家。

看過格陵蘭冰原的人一定會了解，「一片覆蓋著綠樹的陸地」，對當地居民是有何等的吸引力。格陵蘭的英文名字雖美，叫做綠色大地*，但島上百分之八十都是被冰雪覆蓋的，只有短暫的夏天在西南沿海處，會長出綠色青嫩的地衣，當初艾瑞克就是看到這片綠被，才特意以綠色大地這樣的美名，來吸引移民。

 放大鏡

＊格陵蘭島的英文為 Greenland，翻成中文即是綠色大地。

在這片荒原上，即使是夏天，仍有冰雪覆蓋在綿延的石塊山上，別說是耕種，就連野生植物都不太長得出來。

也因為格陵蘭如此難以生活，艾瑞克的兒子在多年後，帶領了一批人前去找尋那片「覆蓋著綠樹的陸地」，在那裡待了三個月後回來，不久他的朋友就率領了三艘船，帶了一百六十人前往定居。但由於這片新土地的冬天還是過於嚴寒，當地的原住民又不斷的攻擊他們，所以三年後這批人又移回了格陵蘭島。

許多人對這個「最早發現新大陸的是挪威冰島人」的說法質疑，但在 1960 年代，研究者真的在北美找到挪威房子的地基，也在美國新英格蘭海岸附近挖掘出一些證據，這個最早歐洲人「發現」美洲的故事，終於逐漸被大家所採信。

也許是哥倫布到冰島時聽見了這個傳言，他心中開始覺得往西走並不是不可能到達印地。剛好在此時，印刷術的進步使得平民百姓也能有機會讀到書。哥倫布在此時讀到了大量印刷的《馬可波羅遊記》，這本遊記所描述的內容，對當時的歐洲人來說，可能就像我們現在讀科幻小說一樣有十分的驚奇感，只不過科幻小說我們確知是假的，但《馬可波羅遊記》卻好像是真的，書中對中國的天氣、地形、風俗、政治、宗教描述得十分仔細，更提到歐洲人非常感興趣的寶石、金銀、珍珠。他說中國處處種滿了香料，還看到蠶如何吐絲，這在當時的中國還可說是大祕密一椿*。

放大鏡

＊當時只有皇室的人可穿絲質衣裳，皇室不願平民百姓得知絲質布料的做法。

　　馬可波羅還提到歐洲人從未見過的動物，例如猴子、大象、犀牛等等，還特別講到了一種有恐怖大嘴、像蛇一樣的野獸，那是歐洲人第一次聽到鱷魚這種動物。

　　馬可波羅於 1254 年出生於威尼斯。十七歲時隨著商人父親與叔叔出海，開始了一趟勇敢又危險的旅程。

　　他們由義大利出海，航過地中海、走過阿拉伯，又航行過波斯灣，再步行過戈壁沙漠，花了三年半的時間，終於抵達了目的地中國。當時的中國是由元世祖忽必烈所統治的元朝，他接見了這一行人，忽必烈非常喜歡馬可波羅，將他任為部屬，命他出使各地。但也因為如此，馬可波羅失去了離開中國的權利，這一留，就是十七年。

　　終於，十七年後，馬可波羅

奉命護送一位公主出嫁到波斯
「和番」＊。這一行人十四艘
船，由中國南海出發，駛過印度
洋，往北由阿拉伯海到當時稱為
波斯，現今為伊朗的地方。行程
共花了兩年的時間，沿路折損了
六百人。公主很幸運的存活下來
了，但卻發現原本的駙馬爺已經
過世。駙馬爺的父親自己娶了公
主，解決了這個頭痛的問題。

　　完成任務之後，馬可波羅和
父親、叔父思鄉情切，決定不再
回中國，便從波斯經過黑海、地
中海，回到了義大利。一年後，
馬可波羅在威尼斯對熱內亞的戰
爭中被捕入獄，在獄中他將在中
國的所見所聞講給獄友聽，一個
叫做若斯提切羅的人將他的故事
記下來，結果就成了後來舉世皆
知的《馬可波羅遊記》。這本書

放大鏡
＊和番　以婚姻安撫外族，和睦異族。

大量印刷後在歐洲引起了很大的騷動，對探險家更是挑起了難以算計的影響力。哥倫布可說是此書最大的書迷之一了。

《馬可波羅遊記》之外，哥倫布最愛的另一本書，是 1410 年由德埃利主教所寫的《世界影像》，裡面有一句話深深的為哥倫布所相信:「在西班牙底處與印地開頭處，躺著一片窄窄的海，順風時只要幾天就可航過了。」後來大家當然都曉得這個說法是錯的，但在 15 世紀末，哥倫布對此言深信不疑。

1478 年，哥倫布有機會接受一位商人委託，駛進大西洋到當時葡萄牙最西方的屬地：馬德拉群島，去談一筆糖的交易。不久，他就結識了後來的太太多娜‧斐麗白。斐麗白的父親就是發現馬德拉群島的人士之一，她的弟弟當時則是馬德拉的總督。

　　多娜・斐麗白，一位來自上流家族的女孩，與哥倫布可說門不當、戶不對，後來的研究者都找不到文件，無法了解當初哥倫布如何追求到斐麗白，這位對他日後出航起了很大鼓舞作用的太太，也不知道這個家族怎麼會答應將女兒嫁給一個名不見經傳的外國人。但紀錄上，他們結婚了，也搬到馬德拉群島定居，兒子迪亞各於 1480 年出生。

　　從岳父留下來的航行資料，哥倫布又獲得了更豐富的航海知識。在島上居住期間，哥倫布與太太經常到海岸去收集從海上漂過來不屬於歐洲的植物、物品，記錄大西洋的海浪、風向以及海流，也觀察到在這裡，風總是由西往東吹。

　　接下來由於葡萄牙在幾內亞發現了金礦，哥倫布獲得了參與葡王派遣到幾內亞海岸去鞏固屬

　　地的航行機會。這趟往赤道的航行，挑起了哥倫布的貪婪之心。

　　當時，所有冒險、航向未知的最大動力都是經濟因素，販賣從外地傳進來的絲綢、金銀珠寶、胡椒、香料所獲得的大量利潤，是國王願意資助船隻去找尋新屬地、新航路的主要原因。哥倫布也不例外，他想，如果他能找到一條從來沒有人走過的水路到印地，那個利益可真是難以估計，不但他，而且他的子子孫孫都能夠鯉躍龍門，世世代代都發達起來。

　　這趟行程使哥倫布見識到了赤道附近的海域，更加確定了炎熱的天氣並沒能把人燒焦、把船燒毀，他也看到了從來沒有人描述過的動物、植物和長得不同的人。而且，傳說中的海怪並沒有出現。除此之外，這趟行程還教會了他如何裝備長程船隻、貯藏

食物與飲水，也得知了各地原住
民會對哪些東西的交易感興趣。
這些經驗對他將來西行的準備，
都有莫大的助益。

什麼叫做「發現」新大陸

　　發現新大陸？什麼叫「發現」新大陸？不知當讀者讀到「哥倫布於 1492 年發現美洲新大陸」這句話時，能不能理解為什麼有一群人會為這句話生氣？

　　歐洲、亞洲、非洲，每一塊地球上的陸地、每一片海洋都是本來就在那裡的，為什麼獨獨美洲需要被發現呢？為什麼從來沒有人告訴我們，是誰發現亞洲，是誰發現歐洲，卻總是需要有一個叫做哥倫布的人去發現美洲呢？為什麼美洲需要被人發現呢？美洲原住民，包括我的祖先，本來就住在美洲的土地上，過著與世無爭、安居樂業的生活。他們不知道世界上還有別的洲、別的國家，但那也不重要，重要的是他們三餐都能溫飽，他們都能不生怪病，小孩都能健健康康的長大。美洲本來就在這裡，不需要被發現，不必被發現。

　　但是，偏偏在 1492 年，有個歐洲人

來了，這個人叫做哥倫布。剛開始，美洲原住民都對他很客氣，以為這個人是天神下凡，所以他想要什麼，就給他什麼；他問什麼，就比手畫腳照實的回答，真是任他予取予求，十分合作。但是哥倫布和那些船員，竟然不知好歹的自以為是神，覺得這些人膚色這麼深、鼻子那麼鷹勾、眼眶這樣深、身上通常不穿衣服、吃的食物包括有毒的橡樹果和蜥蜴等等，就瞧不起美洲的原住民，甚至還有紀錄顯示，他們曾懷疑這些只是長得很像人的某種動物罷了。

依照歐洲當時的習慣，用人為奴隸是廣被接受的，於是哥倫布開始想到要怎麼把這些人變成西班牙人的奴隸。可惜原住民太過天真，無法看出他的惡意，沒有趁早把他趕出去，終於美洲還是淪陷到這些人的手中了。

所以當大家接受「哥倫布於 1492 年發現美洲新大陸」這句話時，原則上只能說是大家暫時以當時歐洲人的眼光來看這一件事，暫時接受了當時歐洲人的

本位主義。

那時的歐洲人只知道有個非洲和部分的亞洲，知道有非洲是因為非洲就在歐洲下方，至於非洲到底多大，是一片被大洋環住的地塊？還是不斷延伸、不再被海洋包圍，直連到印地的大陸塊？沒有人真的走過，大家都只能猜想。當時的地圖，有製圖人就將非洲不斷往東畫過去，直碰到亞洲，和亞洲峰峰相連成一片。一直要到哥倫布西航之前的三、四年，也就是 1488 年，才有好望角的「發現」（又一個本位主義的「發現」），歐洲人才總算來到了非洲的最西南端。

至於亞洲呢，之前歐洲人對東方知道得非常少，從更早以前的羅馬帝國時代，曾傳聞有個東方，但就只是個傳聞。一直要到十四世紀初印刷術進步，《馬可波羅遊記》問世，才在歐洲引起很大的震撼，他們對於印度、中國，甚至日本這些地方的存在，感到十分新鮮而好奇。

　　也許因為現今科技的進步，目前的人已經很難想像，他們當初初聞有這些地方存在時的悸動了。但我們可以想像，今天如果發現了地球的不遠處就有和我們相像的人存在，雖然要前往他們的星球可能十分危險、花錢，又不知如何走，但這個誘惑實在太大了，一定會有人願意花大錢、冒險，去尋找這個外星鄰居，何況從這外星鄰居來的東西，又香、又美又稀奇。

　　同樣的道理，15世紀的歐洲人，明明知道東方存在，從東方過來的茶葉、香料、絲綢、胡椒，貴族爭先恐後的搶購。那時，義大利的威尼斯和熱內亞是兩大往東的貿易港，所有要與東方交換的武器、銅器、珊瑚等，由河流、車子將貨物送至這兩地上船，再經中亞與從東方來的商品交換。

　　東方商品在歐洲的利潤很高，偏偏往東走向印度、中國的路被土耳其人、伊斯蘭教徒控制了，什麼物品都得經過他們手中。但是，往東方還有其他的路

嗎？目前的路就算能避過人的攻擊，山上的雪隨時會崩下來，火燙的沙漠非常人所能忍受。即使歷經千辛萬苦可以到得了東方，運回來的商品又要同樣經過這些路線，誰能運氣那麼好，每次都平安歸來呢？而且這條路路途遙遠，來回要花上幾年的功夫。危險、時間長、代價高，所以沒有歐洲人敢冒險走這條路前往亞洲。那麼，水路呢？是不是有那麼一條水路，可以避過所有的高山、沙漠，可以繞過所有的伊斯蘭教商人、山匪、盜寇，直接將船開進東方呢？這是一個理想美夢，需要勇氣和金錢去尋找的夢幻道路。

葡萄牙是當時的海上先鋒，葡王約翰二世極力想開發往東方的水路，便在1486年派遣了迪亞士往南尋找非洲南方盡頭，迪亞士不負眾望，冒盡了極端危險，在1488年航行到了幾乎是非洲最南端的好望角。可惜因此行死傷太過慘重，之後十年內並沒有歐洲人願意再涉足此處。

　　往東的水路，已有由葡王資助的迪亞士率先開發，而且狀況不明，終於走到非洲南端又怎樣？非洲以東呢？那邊又是如何一片光景呢？那片海上可以直通亞洲嗎？沒有歐洲人走過，誰也不敢保證這是條可行的路。那片大海有多大？中間都是海嗎？還是又有什麼地方梗在中間呢？每一個都是疑問，都是沒有答案的疑問。

　　那麼，往西呢？西班牙、葡萄牙以西，是一片從來沒有人想過要涉足的汪洋大海。歐洲的東邊有亞洲陸塊，南方有非洲，但是從沒有任何船隻、物品是從西方這片大海來的。當時受過教育的學者已經接受地球是圓的的說法，可是平民百姓對此不可思議的講法都還覺得難以置信。地球可能是圓的嗎？圓的東西怎麼撐得住任何東西呢？怎麼不會掉下去呢？地球有多大？從這片看不到盡頭的海洋駛進去，真的會碰到亞洲的另一頭嗎？會不會找不到亞洲，反而走到世界邊緣掉下去了呢？

　　大家都不敢相信，也不想嘗試。往東的路雖然難行，商品總是已經在交易了；往西？那片大海實在太難穿越了。能想像幾個月都見不到安全陸地的恐懼感嗎？萬一中途船沉了怎麼辦？要是食物都吃完了，恐怕連回頭都來不及。太多太多的未知，阻止了大家往西的念頭。

　　當時的船並沒有冷凍設備，出海後就吃不到新鮮蔬菜水果，連水都能放到壞掉。所有食物都會長蟲，得連蟲一起吞進去。要新鮮的肉，只有抓船上猖獗的老鼠。沒有浴室，別想洗澡，還不能好好睡覺，今天早上醒來，更不曉得到底能不能活到晚上。這麼多的危險辛苦，大家都會說「算了吧」。但哥倫布例外，在大家都沒有走入未知的勇氣時，哥倫布極端的相信上帝與自己，篤定的相信地球是圓的，相信只要敢走進西方的這片海洋，一定會到達東方的。

　　當時，《馬可波羅遊記》開始大量流行，哥倫布是忠實的讀者之一。他讀

了一遍又一遍，相信這絕對不是杜撰出來的幻想。除了這本書，哥倫布也閱讀了許多學者發表的作品。從他在書上留下的筆記，後人可以相信，哥倫布在這段期間，由於大量吸收知識，他相信了：

一、所有的海都可以航行。

二、所有的海都被陸地包圍。

三、一個大洋並不會比另一個空。每個大洋的空曠程度都差不多。

四、每個地方都有它的東、西兩方。

現代的人，讀到了這幾點，可能會笑出來，這算什麼發現啊。但是想像一下當時的人，生活裡沒有報紙、學校，沒有電視、電腦；從沒到過離家太遠的地方，有的都只是口口相傳的傳說。他們懼怕傳說中的海怪，也害怕船駛到赤道時會被燒掉。有些海域被傳得十分可怕，那時候大部分的海員都不識字又迷信，他們對某些水域的恐懼，恐怕比今天我們對於要航向外太空的恐懼還要多

得多。

今天我們對於外太空的描寫很多，不但有照片為證，還可以看到即時的影像。但在哥倫布的那個時代，別說沒有照片、圖像，連文字描寫都不見得是真的。所以當時哥倫布能有那幾點了解，可說是很了不起了。

也就是這個人的知識、自信、決心、耐心、樂觀，當然還有很大成分的魯莽、運氣、大歐洲人本位主義、自私，才會由他來「發現」新大陸，從此改變了世界的歷史。

永遠
向前看的報酬

　　娶到貴族女兒的哥倫布，原本可以藉著裙帶關係輕輕鬆鬆成為一名商人，但這似乎不符合哥倫布的個性。往西尋找通往東方水路的這個念頭，越來越在他心中茁壯。

　　也許這個念頭不是哥倫布第一個想到的，所有相信地球是圓的學者，都在理論上支持由大西洋往西可以直接通往東方；但大家也都知道，相信是一回事，行動又是另當別論了。因此，在別人可能是說說罷了的時候，只有哥倫布是第一個認真在執行這件事的人。

　　他寫信給當時佛羅倫斯很有名的物理學家托斯卡尼里，因為這位學者曾在 1474 年寫信給葡萄牙國王，目的在說服葡王採行由

西通往東方的水路，說這比往南繞過非洲再往東要近得多了。這封信雖然在當初沒能說服葡王，卻在這時打動了哥倫布。他去信詢問托斯卡尼里細節，當時的哥倫布可說是無名小卒一個，卻出乎他期待的，真的獲得了托斯卡尼里的親筆回信，鼓勵他的想法，還送他一張手繪地圖，地圖顯示由西班牙往西南行駛，不超過一個月即可碰到中國外海的日本大島。喜出望外的哥倫布如獲至寶，從此開始上天下海的找尋各種資料來支持這個理論。

然後他就開始說服資助者的行動了。1484年，他第一個找上的當然是當時的海上霸主葡萄牙，向國王約翰二世推銷自己西行前往東方的主意。也許因為很多想法都是自己杜撰，無法找到夠多能支持這些想法的理論，在說服葡王的過程中，哥倫布語氣

模糊，並沒有仔細的規劃出路線，沒能提出自己到底要如何駛往東方，會到東方的哪裡。

葡王雖然認為哥倫布太多話，也太自誇，不過還是命令哥倫布與宮廷內三位學者詳談。結果三位學者認為哥倫布根本完全靠想像力在杜撰路線，當然，便建議葡王拒絕哥倫布。但哥倫布不同於常人的地方就是，他不是如此輕易就會被打退的。

得不到葡王的支持，太太多娜・斐麗白又在此期間過世，傷心卻不輕言放棄的哥倫布帶著五歲幼兒在 1485 年轉往西班牙，希望能找到願意資助他的商人或皇室。偏偏西班牙此時忙於內戰，國王費迪南和皇后伊莎貝爾雖接見了哥倫布，也與皇室學者商量，但答案仍是一樣，沒有人肯相信哥倫布的說法。

亞洲東部的大島嶼國家日

本，是個只出現在《馬可波羅遊記》裡的國家，甚至沒有人確定是否真有此地存在。哥倫布所有的估計在其他人看來都太過主觀與樂觀，沒有人覺得值得冒這個險。而且西班牙當時忙著內戰，著實也無力、無心思再去陪哥倫布「妄想」。

　　不過，伊莎貝爾皇后並沒有真正拒絕哥倫布，只是要他等內戰結束再說。在西班牙等待的期間，哥倫布認識了比翠絲，關於比翠絲的記載比多娜‧斐麗白更少，後人只知他們二人並沒有結婚，但比翠絲在 1488 年為哥倫布生下了第二個兒子，費南多。

　　轉眼哥倫布來到西班牙已經三年了，這漫漫的等待實在難熬，於是哥倫布在兒子生下來這一年又曾回到葡萄牙，再探葡王資助的可能性。葡王一開始很爽快的答應要見他，可惜天時、地

利、人和似乎全不站在他這邊。那時歸來的船隊剛為葡王證實了非洲也是一塊被海洋包圍的陸塊，而非無止境的陸地，往東水路雖然遙遠但並非不通；既然投資多年的非洲——亞洲路線有了曙光，葡王覺得沒有必要再考慮哥倫布的計畫。

失望的哥倫布於是要求弟弟巴多羅梅替他去英國向英王亨利七世尋求資助這西行出海的計畫，沒想到巴多羅梅被海盜擄走，多年後才平安歸來。

終於，1492年，西班牙內戰結束了，等待多年的哥倫布似乎見到了一線曙光。沒想到多年等待換來的卻是皇室給他斬釘截鐵的拒絕。哥倫布也是個平凡人，他在聽到被拒絕後，心中一定非常失望傷心，馬上就掉頭離開西班牙，這個耗費他多年精力與理想、叫他充滿希望又恨透了的地

方。

　　還好，事情不是這樣就結束了。哥倫布離開了西班牙，收拾了傷心的情緒，馬上騎著騾子轉往法國去尋求機會。他這種永遠向前看的精神得到了報酬，伊莎貝爾皇后雖然對哥倫布此行信心不大，但也不願意眼睜睜的看他將這塊大餅送到別的國家口中。萬一在別的國家資助下，他真的找到了通往印度、中國的水路呢？這天大的利潤不是等於拱手送給別人了嗎？剛好有位看好哥倫布的學者也來跟皇后表示，他願意募集一半的資金，請皇后再考慮考慮。

　　後來，哥倫布西航的經費是這樣籌足的：這位學者出資一半，三艘船由出海港帕羅港負責，此港也負責部分裝備船隻的錢；除此之外，還有幾位投資人願意出資，加上哥倫布自己也從

熱內亞幾個銀行貸款過來，錢的問題算是解決了。

就這樣，皇后覺得如果哥倫布失敗了，西班牙的損失有限；但如果他成功了，西班牙的利益真是無法估計。所以，她又派人將已經離開四哩路的哥倫布找回來，通知了這個他等待了多年的大好消息。

就是這最後的改變，讓伊莎貝爾皇后、哥倫布在歐洲、美洲的歷史上，成為舉足輕重的人物。今天的中、南美洲幾乎全是西班牙文的天下，加州也處處留下西班牙的文化、遺跡，這一切都源於伊莎貝爾皇后這最後一剎那心意的轉變。

漫漫等待

　　哥倫布最叫人佩服的一點，就是當別人只是坐而言時，他卻真的起而行。

　　資金是最大的一個問題，他這項西行計畫需要非常有錢的商人、貴族，或是一國之君來支持才可能成行。要說服出錢的人，他就必須提出計畫書；要提出計畫書，就不能空口說白話，必須有專家學者的理論來證明他非常可能成功。哥倫布於是投入心力搜集資料，但後人發覺，哥倫布是一個很自我的人，他找到的資料並不全然都支持他的信念，但他可不會因此而打退堂鼓。

　　譬如，他估計的大西洋遠比實際上的小了很多，他心目中的亞洲也比實際的大了很多；他主觀的認為亞洲東方的大島日本離葡萄牙的加那利群島只有四千五百公里，這不但比當時大部分學者估計的要近，比目前所知的實際距離，兩片大洋加上一片美洲，更是樂觀得離

譜。

　　因為不認為自己會有錯，每當哥倫布讀到與他心中理論有出入的地方，不是覺得書上寫錯，就是認為提出此理論的學者根本沒研究清楚，於是他便理所當然的修正資料。也就是說，在哥倫布認真尋找理論來支持自己時，其實心中早已篤定的相信自己，相信往西航行不久，就會有個日本等在那裡。

　　因為人在葡萄牙，葡萄牙又是那個年代的海上第一霸主，哥倫布理所當然的首先向葡王約翰二世推銷他的主意。哥倫布大概的打算是這樣的：從葡萄牙的馬德拉群島出發，往南到日本的緯度後西航，一、兩週後船就會駛進馬可波羅書中金銀遍地的日本。

　　不過也許是怕自己這個曠世主意被盜用，也可能是因為他真的找不出那麼多的證據，他在與葡王交涉時，許多細節都交代不清、語多保留，但描繪遠景的用語卻又太過浮誇、自己捧自己，因此葡王對他印象並不好，認為他只是個

沒本事、愛吹牛的小子。

但是，因為哥倫布不是個容易打發掉的人，葡王又讓他去跟宮廷中的航海專家討論這個問題。結果還是一樣，專家覺得哥倫布想像的多，理論支持的地方太少，認為葡王不值得冒這個險。他們說，如果地球真是圓的，那麼哥倫布不斷往西，勢必也就是不斷的往球的外圍掉下，一艘船不斷往下時，結果當然會是掉到地球外面，怎麼可能到得了日本呢？

當然，哥倫布也不全然是那麼沒腦筋的人。這趟航行沒有人走過，所有理論都是未經證實的理論，誰也不敢說誰對誰錯。更何況，葡萄牙是海上強國，他如果提出太具體的路線，葡王大可以把他打發掉後，自己派船隊去尋找這個路線，所有利益全部落入自己口袋，不必分給這一個他並不喜歡的小子。哥倫布不提細節，願意以自己的生命去換得這該屬於他的利益，其實也無可厚非。

事實證明，接下來這幾年，葡王的

確也曾偷偷派人根據哥倫布的說法，往西去找尋可能存在的日本大島，不過因為沒有具體路線，船員對這個西行的主意更沒有信心，所以葡王派去的船很快就無功而返了。哥倫布的提防，葡王的小人行為，都成了阻擋兩方合作的障礙。

同時間，也是由葡王資助往南由迪亞士率領的船隊終於來到了非洲南端，越過好望角開始向東駛入從來沒有歐洲人航行過的海面。既然往南再向東的路線有了生機，往西這條純靠想像的路線就被葡萄牙放棄了。

被葡萄牙放棄的哥倫布，太太過世後負了一身債，便帶著孩子來到西班牙，這個當時的第二個海上活躍者。西班牙皇后伊－莎貝爾是所有哥倫布接觸過的皇室人物中，比較被這個主意打動的人，只是哥倫布來的時機不對，那時西班牙內戰不斷，對外尋找新海路並不是當務之急。伊－莎貝爾皇后安排讓哥倫布能夠領薪等待，就這樣哥倫布在西班牙

一等就是七年。

這麼長的歲月，哥倫布又結識另一女子比翠絲，生下兒子費南多。若是一般人大概早已放棄這被視為虛無縹緲的計畫了，但哥倫布可沒忘記他來到西班牙的目的，一直等著內戰的結束。

當然人的耐心有限，這期間哥倫布並非坐在那裡空等，他也曾再次打聽葡王有沒有改變心意的可能，還曾探過英法兩國君王的口風。不過在15世紀末，這簡直是個天馬行空的冒險，所以得到的答案都是令他失望的。

等待了七年，西班牙內戰終於打完了，一心以為會有好消息的哥倫布，卻還需要再經過一次考驗。他最大的知音伊莎貝爾皇后在讓他領薪等待之後，給他的答案竟然是否定的。哥倫布不相信！但是皇后懿旨如山，哥倫布只是一介平民，連爭辯的權利都沒有，只好收拾包袱離開這傷心地。

哥倫布不知道的是，他得到王室學者中一位成員的大力支持，這位學者在

伊莎貝爾皇后拒絕了哥倫布後向皇后表示，他願意募集一半的資金，皇室只需要負責另一半的開銷。對皇后而言，一點點錢，卻換來無限利益的可能性，她可不要這可能的利潤落入別的國家手中。她當然立刻同意了，立即找人召回哥倫布。

　　此時傷心的哥倫布已在前往法國的路上，當他看到皇室派來路上攔截的人，得知皇室改變心意願意給他船隻，讓他出海找尋通往東方的西行水路時，心中不知有多激動！多年來，從希望到絕望，而後再得到肯定，這比第一次就直接得到肯定的甜美不知多了多少倍！

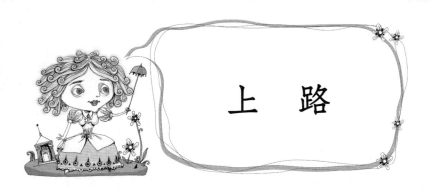

上　路

　　哥倫布對西航通往東方這條路線的執著，為的是什麼呢？雖然為此他幾乎成為偉人，但是他當初的動機，的確是為自己的名與利的。所以，他提出的條件，當然都與此有關。他要求如果此路行得通，要被授與殖民地總督的官銜，還有海上司令的職位，表示這片大西洋歸他所管；另外是財，如果跟東方能由此水路來往，那麼因為此路的通行而帶來的財富，他及後代子孫要享有十分之一。

　　大名與大利，之前伊莎貝爾皇后及皇室在考慮是否資助出海時，曾經覺得哥倫布的要求貪婪荒謬而不願意答允。但這時，既然國家損失的金錢有限，伊莎貝爾皇后很爽快的答應了他這兩個

條件，也馬上為出航作準備。他
們與哥倫布簽訂了契約，同意上
述兩個條件，並寫了封介紹信交
給他帶過去給中國君主。

不過要知道，其實皇室考慮
的重點也只有利益，何況這趟航
行有去無回的可能性太大，不值
得專門為此航行建造新船。所以
皇室決定給哥倫布三艘船，但是
其中只有旗艦聖塔瑪麗亞號是比
較仔細為配合此行裝備的，長約
二十四公尺，由哥倫布擔任船
長。另兩艘小船品塔號和妮那號
較輕、較快、較小，其實只適合
沿著海岸行駛。品塔號是三艘船
中跑得最快的，但妮那號最為堅
固牢靠。船隻有了，但自願出海
的船員卻寥寥可數。

在西班牙，哥倫布是一名沒
沒無聞的義大利人，從沒當過船
長，也從沒有主掌過一艘遠航船
的經驗，他這異想天開的西行出

海方法，就等於出海自殺一樣，更得不到海員的信任。萬一亞洲沒那麼近怎麼辦？要是東西吃完了怎麼辦？如果船在茫茫大海中被風雨擊毀了如何是好？還有，倘若那沒人走過的大洋忽然冒出大海怪呢？不管是現在還是1492年，大家對未知都仍是相當懼怕的，所以召集不到船員，即使是在今日，大家仍很容易理解為什麼。

　　幸好哥倫布的運氣不算太壞，在預定出海的港口帕羅住著一對頗得眾望的品宋兄弟馬丁與文森，他們二人竟然願意出來擔任這兩艘小帆船的船長，品宋兄弟航海能力強，十分得到帕羅港海員的尊敬。在哥哥馬丁決定擔任品塔號船長，弟弟文森則出任妮那號船長後，網羅船員的工作就順利的進行起來了，據說馬丁還跟船員保證，到達中國後，他

們一定會看到用金子砌成的屋頂的。不過馬丁的脾氣暴躁，在他與哥倫布碰面後雙方留下猜忌、懷疑的不佳印象，後來在航行中馬丁不願聽從哥倫布的命令，有時還脫隊獨行，為這第一趟出航增添了許多困擾。

　　網羅的船員中有海員、醫生、木匠、銀匠、翻譯員、從未出過海的男孩子，還有聖塔瑪麗亞號的船主。品塔號與妮那號這兩艘船是因走私被法院命令擔任此行的船隻，和這兩艘船一樣，船員中有四個人也是被法院命令出海的，其中一個是殺人死刑犯，另外三人是幫他逃走的共犯。哥倫布跟他們保證，找到通往印地的水路歸來後，皇室會赦免他們的死罪。在三艘船九十名人員中，八十六人是西班牙人，一個葡萄牙人，還有三個包括哥倫布在內的義大利人。所有船員

都領月薪，每艘船上分配一名醫生、領航員及服務員。但服務員的最主要工作可不是為大家服務，而是看管食物，確定船員從壞掉的食物先吃起。

船上帶的肉是鹹魚、醃肉，蔬菜水果則挑選比較不容易壞的洋蔥、薑、橄欖、無花果、葡萄乾。水，當然是所有飲食中最重要的東西，但是在沒有足夠技術可以保持水的新鮮時，船上喝水變成一件不得不卻又痛苦的事。

一個西班牙船員在多年後回憶時說：「最糟的欲望就是想喝東西。你人在大海中，四周圍滿了水，但喝水卻得照盎司*來分配。隨時你都因為吃了乾牛肉、醃製食物而渴得半死……分配到水時，水已經臭到你要喝時得閉上眼睛、捏著鼻子才吞得下去

* 盎司　一盎司約等於 28.35 克。

……吃早餐時，你身旁的人有的在打嗝、嘔吐、放屁或上大號。」

這三艘船非常的小，空間十分有限，所有船員分兩班，每班工作四小時。輪到休息的人，自己找個甲板角落、風小的地方倒地就睡，完全沒有床、枕頭什麼的。工作的人每天第一件事，就是將漏進船底的水用幫浦打出來。天氣好的時候，甲板可以生火，有負責伙食的人每天會煮一餐熟食；但遇到風浪太大或是雨天，大家就只能吃吃麵粉餅。這種麵粉餅乾燥無味，放久了還會發霉、長蟲或變成粉狀。儘管如此，老鼠還是會來爭食，能好好享受塊麵粉餅的機率也不大。船上唯一的新鮮食物，就是抓老鼠來宰了吃掉。

船上並沒有廁所或浴室，不管天氣好壞，他們都只能在船邊「就海」解決。需要梳洗時，就

從海上撈鹽水上來。衣服幾乎是不換的，頭髮、鬍子不剪又很少洗，所以頭蝨、跳蚤就寄住在每個人身上。

在這樣的環境下，身旁又只是茫茫大海，東印地＊真的等在海的另一邊嗎？沒有信心的船員，脾氣就特別壞，他們不只日日夜夜在吵，而是時時刻刻在吵。據說10月6日時，聖塔瑪麗亞號上的船員揚言要將哥倫布拋下海，自己回頭去。是品塔號上的馬丁船長大叫：「誰敢動手，就先將誰吊死！」才平息了這場叛變風波。之後船員仍持續威脅要叛變、回頭，所幸沒有人真的對哥倫布動刀動槍。哥倫布9月19日的日記裡寫著：「我們走得離西班牙越遠，他們就越擔心、不安，

放大鏡

＊東印地　「東印地」及「印地」皆為當時歐洲人對亞洲的統稱。

他們每小時的抱怨越來越多。」10月10日，在抵達陸地的兩天前，哥倫布這樣記載著：「他們無法再忍了，一直抱怨這趟行程太長了。我盡全力的安撫他們，希望能鼓勵他們去想像如果到了陸地，他們本身的利益有多大。我還告訴他們，抱怨是沒有用的。這趟出航的目的地是印地，我會繼續航行，直到，上帝保佑，抵達為止。」

　　或許上帝真的保佑了，一天多後，哥倫布在10月11日午夜時，看到遠方似乎有燭火一樣的燈火。12日早上兩點，品塔號上傳出了大炮的聲響，這是發現陸地的通知訊號，品塔號上的船員羅得利哥隨著炮聲在大叫著：「陸地！陸地！」終於，在離開西班牙近乎兩個月後，一群疲憊、幾乎要暴動的船員，在這個漆黑的夜裡，重新活了起來。

路　上

　　得到皇室承諾後，哥倫布開始提出自己的條件。後來許多的人都說哥倫布是位絕佳的推銷員，因為他懂得抬高自己的身價，讓西班牙皇室覺得資助此行絕對值得。他的要求並不冗長卻很高，倘若此趟冒險成功，他要：

　　一、將來由此路途的開發而衍生出來的利益，十分之一歸他及後代子孫。

　　二、要求殖民地總督以及海上司令的頭銜，讓他得以統領西大西洋。

　　浩浩大海，哥倫布真的能出去又回來嗎？他真的能往西直航到中國嗎？當時的船隻設備，當時對整個地球的知識，都不讓人看好哥倫布的西行。所以，他要求的條件雖高，西班牙王室並沒有拒絕，反正他們投資的，就只有此趟遠行的一半代價。如果哥倫布真的找到中國，真的帶回來大量利潤，十分之九屬於皇室，也是淨賺的多。如果他就

此消失大海，或摸著鼻子回來，西班牙損失有限。所以在談妥條件後，哥倫布就準備出發了。

皇室給哥倫布三艘船，最大的旗艦聖塔瑪麗亞號是艘一百噸的貨櫃船，是皇室特別為此行所裝備的船，另兩艘六十噸的小船妮那號與品塔號，是因由非洲西岸走私貨物進口，被皇室以懲罰理由命令出航的。這兩艘大約只有二十一公尺長的小船，原本是為沿著海岸航行而設計的，並不適合做遠洋航行。但在當時，即使是由西班牙皇室資助，他們也不打算為這渺茫的機會打造新的船隻。這三艘船上載著九十名船員，聖塔瑪麗亞號上有四十人，妮那號有二十四人，品塔號則有二十六人，就在 1492 年 8 月 3 日離開了西班牙。

在目前保留的資料裡，並沒有這三艘船隻的圖畫，所以所有現在看到的船隻複製品，都是後人根據流傳下來的文字描述、當時的造船技術、造船方法與習慣繪製下來的。由於船隻狹小，要裝

載一年的食物、飲水等並不容易，除了船長、領航員外，其餘水手並沒有固定睡覺的地方。天氣好時，甲板可以躺人；狂風暴雨時，只好自求多福。木船漏水是一定的，雖然已經不斷的抽水，但汙水的味道必定臭氣沖天。食物發霉、長蟲不是新鮮事，連水都很快變臭，只好帶著酒，讓海員能夠部分以酒代替水。他們在甲板煮熟食物，用手抓著吃。

　　船上載有一名懂得希伯來文和阿拉伯文的翻譯員，當時全歐洲可能找不到任何一個能講東方語言的人，這名翻譯員不見得能勝任工作，但有準備總是好的。

　　其他海員還包括製桶匠、木匠、油漆工和補船手。這些技術工人必須能在惡劣的氣候下利用能找到的材料將船修補好，有時船真的壞到不能用了，還得拼拼湊湊、無中生有的變出另一艘船出來，他們廢物利用的技術令現代人嘆為觀止。

由於過去美好的經驗，歐洲人向海外航行時除了伊斯蘭教徒較凶悍外，他們發現的島嶼、西非等地的人都相當友善，所以在哥倫布這三艘船上，並沒有攜帶任何大型武器。他們期待當船駛進東方時，會受到熱烈的歡迎。當然，現在很難去揣測除了哥倫布外，其他八十九名成員的心情。他們就要駛進那片沒有人航行過的汪洋大海，他們還得聽命於一個外國人，這個人從沒當過船長，從沒真正領導過什麼，他們卻得這樣隨著他去冒生命危險。也就是這些因素，對哥倫布而言，註定了這是趟漫漫長路。

8月3日，這九十人從西班牙南方港口帕羅出發先往南，十天後到達了當時隸屬西班牙的加那利群島。在這裡，他們將船做最後一次的整修，然後才開始往西。

哥倫布的計畫是幾週後便可到達與加那利同一緯度的日本，他估計那只有四千五百公里的距離。這個如意算盤後

人當然知道是錯的，日本的緯度比加那利群島高了十度，而且遙遠的程度也遠超過哥倫布的估計，中間還隔著個美洲。不過，哥倫布既是如此深信與打算，也就如此的執行。

　　8月中，三艘船開始離開他們熟悉的海域，往西駛向未知。沒有人知道世界的歷史會因他們這一趟的冒險而改變，也沒有人知道自己將在歷史上永久留名。即使是哥倫布，他心中盤算的也只是往西航向日本、中國，為自己、為西班牙帶來大量利益，將基督的恩澤帶給東方的人。他怎樣也沒想到，哥倫布這個名字，會從此與新大陸、美洲連在一起。

　　航行向西，起初天氣是相當合作的。來自東北的風不斷將他們吹往西，蔚藍的天空、美麗的晚霞，一切都照哥倫布的盤算在前進。但是，對其他海員而言，西行得太順利卻不見得是好事。如果風只會持續的來自東北方，那麼，將來他們要靠什麼風把他們由西方帶回

到西班牙呢？

　　當時的船還沒有辦法記錄速度、里程，每天航行的距離完全要憑船長的經驗來計算。哥倫布為安撫船員的情緒，每天都虛報實際航行里程。他怕萬一走得很遠卻還沒看到陸地，船員會失控，所以便以少報多。諷刺的是，哥倫布天性是比較樂觀的人，他常常都高估了船行速度。他有兩本行船日誌，一本他自以為忠實的記錄一切，一本是給大家看的。後人卻發現，其實他以為是捏造的那本，事實上是比較接近實際旅行行程的。

　　航行一個月後，他們第一次駛進無風帶＊，船在原處滯留了幾天不會動；接下來，又遭遇到一次暴風雨。對水手而言，航行在茫茫大海裡，任何不順或太過順利，都是可以挑剔的地方。他們

放大鏡

＊**無風帶**　當空氣運行到南北緯 30° 附近高空時，不能繼續前進，產生下沉氣流，致使近地面氣壓增高，形成副熱帶高氣壓帶，由於沒有水平方向運動的空氣，形成了無風帶。

駛入這片沒有人走過的大海已經超過一個月了，哥倫布說的日本呢？東方呢？他們要回頭，回頭一定可以回到岸上。

往西真的也有個岸在等著嗎？ 10 月 6 日，品塔號的船長馬丁建議將方向調往西南，被哥倫布拒絕。但 10 月 7 日，哥倫布看著天上的鳥往西南飛，跟著將船轉向西南西。誰知到了 10 月 10 日，依然沒有陸地的影子時，船員暴動了。

有人說，哥倫布答應，如果再過幾天仍沒遇到陸地，願意被拋進大海去餵魚，由於這個承諾，船員才撐下去的；但也有人說，連哥倫布的信心都動搖了，他也願意回頭了，是馬丁說服鼓勵大家繼續西行的。為鼓舞士氣，哥倫布接著宣布，第一個發現陸地的人，將發給獎金一萬元。終於，在 10 月 12 日清晨，跑得最快的小船品塔號上的船員羅得利哥大叫：「陸地！陸地！」他看到了月光灑在沙灘上。照理說，羅得利哥應該領得一萬元獎金才是。誰曉得哥倫布卻說他在更早的時候，就看到了那個方向

有燈光，他才是第一個發現陸地的人。

　　哥倫布這樣做，到底是為了名（當第一個發現陸地的人）還是為了利（一萬元獎金），或者名利雙收，沒有人知道。但顯然這個舉動不僅沒為他帶來名利，還讓後人了解到他的貪婪，以及不具領袖氣質的品格。

遍地黃金呢？

從這個陸地開始，哥倫布為西班牙開啟了在美洲的勢力。10月12日清晨，三艘船在外海拋下了錨，搭乘小船登上島。一到島上，哥倫布馬上插下西班牙皇家旗幟，將這小島命名為聖薩爾瓦多，收歸為西班牙所有，並跪下來親吻這片花費他許多年心血才來到的土地。

當時的島上，住著一群親切和善、自稱是泰諾族的人。歷史上沒有從這群泰諾族人角度的文字記載，不知那一天當他們看到三艘超乎他們想像的大船駛近家鄉，從船上下來的是許多穿著奇怪的白人時，他們除了嚇一大跳外，心中想的是什麼？

哥倫布在後來的信件中曾說，這些人以為他們是從天上下

凡來的神仙，所以對他們百依百順，極度配合。也許從不知道有別的世界存在的泰諾族人，當真以為是信仰的神下來看他們了；也說不定泰諾族本來就是一群與世無爭、天性友善的族人，看到這群人來了，需要水、需要食物，自然好客的善待客人。

　　不過，當哥倫布花了一段時間在島上遊逛，並與泰諾族人比手畫腳的溝通後，他就知道這絕不是他要尋找的黃金世界了。他冒著生命危險而來，為的不是這樣的一個小島，不是這樣簡樸的泰諾族人；他要尋找的，是《馬可波羅遊記》中那繁花似錦、雕梁畫棟、遍地黃金的中國。中國有個可汗（他不知道元朝早已結束，明朝的君主已不叫可汗，而是皇帝了），那裡的人穿著絲綢華衣，過著當時歐洲人無法想像的奢華生活。

　　由《馬可波羅遊記》中他得知，中國東方外海有個日本島國，這應該是從東邊駛過來的他會先碰到的島國。但即使是日本，也不會是泰諾族人這種模樣。泰諾族人不穿衣服，不知道什麼是武器。哥倫布曾試過拿劍給他們把玩，結果他們根本不曉得那是會傷人的東西；他們有酋長，但不是君王；他們信奉自己的神，但在哥倫布眼中，等於沒有宗教；他們沒有私人財產的概念，於是提供給哥倫布所有他想要的物品。

　　相處一小段時間後，聰明的哥倫布馬上知道這是群很好統治的人，他估計：「只要五十個帶武器的人，就可以叫這群人做任何一件我們命令的事。」在日記中他也這樣寫著：「沒錯，這些印地安人會以愛與恐懼來服從陛下。」

　　既然這個被他命名為聖薩爾

瓦多的島不是日本，那麼日本到底在哪兒呢？為了尋找日本，尋找黃金，哥倫布「綁架」了幾個泰諾族人，在島的周圍海域上上下下的探索。

　　泰諾族人告訴他，在這個島的西南方有個大島叫古巴，他們說那裡一定有他想找的黃金。在聖薩爾瓦多島上，銅才是比較有價值的東西，銅比較硬，許多工具都是用銅做出來的，他們不懂這些天上來的人為什麼一直要找黃金，黃金軟軟的，只能當裝飾品。不過哥倫布聽了非常高興，在10月28日抵達了古巴。由於古巴非常的大，大到不像一個島，哥倫布以為自己來到了中國，命令兩個部下到內陸去找尋可汗。一週後這兩個人回來了，哪裡有可汗的影子呢？又哪裡有遍地黃金的景象呢？

　　哥倫布的第一趟出海，就在

現今的巴哈馬群島間穿梭、找尋，從 10 月 12 日抵達第一個小島，到 1 月 16 日離開為止，超過三個月的時間，他尋找、他疑惑，他一路收歸所有足跡所到的小島，一路重新用西班牙名來命名這麼多的島嶼。

當然，在找不到黃金時，他也在想著回去怎麼對西班牙皇室交代呢？他從來沒有想過也許這個地方不是東印地，只是一直覺得自己不得其門而入。他認為自己需要做的，是回西班牙請求皇室再派遣更多的人力、物資來先行控制這些島嶼，設殖民地、宣揚天主精神，然後繼續尋找躲在這些島嶼之間的日本與中國。

第一趟行程裡，哥倫布走過的大小島嶼很多，有名的除了聖薩爾瓦多、古巴外，還有海地。找不到日本已經令哥倫布很懊惱了，沒想到還發生兩件不愉快的

事情。

　　與他相處一向不合的馬丁船長在11月22日那天，利用品塔號跑得較快的性能甩開聖塔瑪麗亞號，自行去找當地人指點的黃金所在。哥倫布非常氣憤，在日記中大罵馬丁，認為他自私自利，拋開其餘兩艘船是想去搶第一個找到黃金的功勞。

　　儘管氣憤難消，無奈的哥倫布追不上品塔號，也只好在另一邊搜索。到了12月底，在西斯班諾拉島外海，哥倫布和船員因為兩天兩夜沒有闔眼的駛船，船長、大副、二副等人紛紛睡著了，將船交給一個打雜的男孩。

　　沒想到這樣一個疏忽，聖塔瑪麗亞號就在聖誕夜觸礁於西斯班諾拉島外海，整艘船幾乎解體一樣的沉入水中，驚慌中哥倫布趕緊跳下小船求生，隔天與船員盡可能搶救聖塔瑪麗亞號上的每

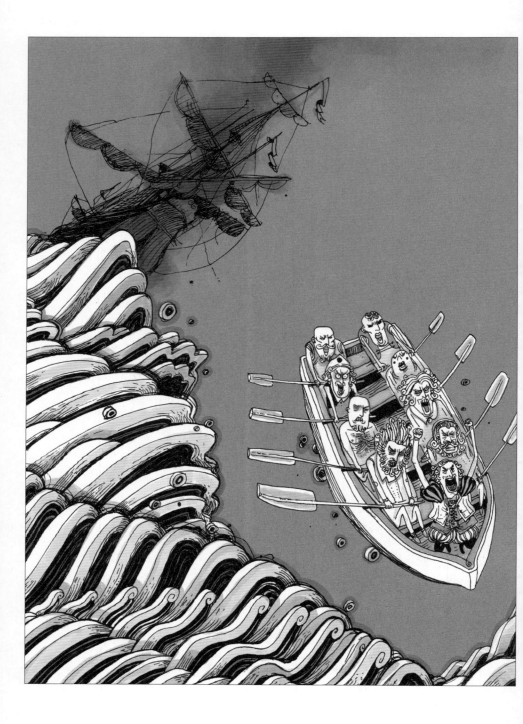

一個可以用的東西，包括木板、繩索、帆布等等，後來他們就利用這些東西在西斯班諾拉島建了一個碉堡，取名「聖誕節」。消失的品塔號還沒回來，哥倫布僅剩一艘船了，不得不要求三十九人留下來，自己趕緊要回西班牙要求更多的資助。

就在這個關頭，品塔號回來了，依然沒找到金子。哥倫布雖然滿肚子不高興，但回程有人同行總是好的，於是品塔號與妮那號就在 1 月 16 日啟程，要回西班牙領功。

馬丁和哥倫布相處向來不合，兩人此時心中都在想著如何拔得頭籌，別被對方捷足先登搶走功勞。偏偏在此時海上來了暴風浪，兩艘船各自掙扎在生死邊緣，失去了彼此的蹤影，誰也不曉得對方是否還活著。這場海上颶風持續了三天，連哥倫布都擔

心自己這一切豐功偉業就要隨著所有人與船埋沒在大海中。

在狂風巨浪中，每一個大浪打來都好像要將船吞沒了。篤信上帝的哥倫布拿出一把豆子，在其中一顆豆子上面畫了個十字架，再把豆子放回帽中讓所有船員抽，並說好抽中的那個人，若能平安回到西班牙，就要到西班牙天主聖地朝聖。哥倫布第一個將手伸進帽子裡，結果就抽出了那顆豆子。

之後暴風雨仍持續著，船員認為一定是他們不夠虔誠，又抽了兩次豆子，哥倫布第二次抽中豆子。後來靠近葡萄牙時，更恐怖的暴風雨再度侵襲，哥倫布驚恐的說:「已經到自己家門口了，遇到這樣的暴風雨真是比悲哀更悲哀啊。」船員再度丟豆子抽籤，也許冥冥之中註定吧，哥倫布竟然三度抽中畫了十字架的豆子。

或許是命不該絕，也或許他虔誠信仰的上帝不願他多年的努力付諸流水，經過了幾番生死關頭的搏鬥，終於在離開西班牙兩百二十四天後，哥倫布不負眾望的回來了。

第一次接觸

「陸地！陸地！」這個羅得利哥口中大喊的陸地是哪裡呢？也許大家會以為這是個很顯而易見的問題，哥倫布上了岸，將這個地方命名為聖薩爾瓦多，從此聖薩爾瓦多就成了歐洲人踏上美洲的第一見證。可是事實卻不是這麼容易的。

那個時代的人並不曉得他們是在記載很重要的一段歷史，不知道類似這樣的小島在那裡還有七百多個，不清楚那只是美洲的一個小點。於是隨著時間的輾轉流去，後人只知道哥倫布登陸的是目前巴哈馬群島七百多個小島裡其中的一個，但到底是哪一個呢？幾百年來，這個問題難倒了不知多少地理學家和歷史學家，沒有定論。

終於在 1986 年，《國家地理雜誌》動用了大量的人力，請來了許多學者照著當初的文字描述、航行位置等等，推

測出目前多明尼加共和國的沙馬納，最符合當初哥倫布等人登陸的聖薩爾瓦多。那一天是 1492 年 10 月 12 日，如果對歐洲人來說，這一天是他們發現新大陸的紀念日，是歐洲人擴展領土、為自己尋得另一片天空的開始；那麼，對原來就住在美洲的原住民而言，這一天就是他們最痛恨的日子，就是他們快速失去一切的開始。

在哥倫布抵達巴哈馬群島前，這些原住民已經在此生活了上萬年，他們遠離歐洲、亞洲那些霸權國家，自己在這片安樂的土地上過著簡單、平安的生活。偏偏在這一天，這些從海上來的人走上了他們的土地，也為他們平靜的生活帶來了大災難。

哥倫布一行人在這他們兩個月來第一眼看到的陸地周圍繞了繞，終於在小島的西邊找到一個比較開闊的缺口，放下小船從那裡上了岸。這些穿著衣服的怪人，一上來就以侵占者的高姿態出現，他們跪下來親吻土地，也不管原來

這裡本來就有名字、就有主人，馬上宣稱這片土地已歸西班牙所有，叫做聖薩爾瓦多。

因為哥倫布不知道自己登陸的地方，是一片從不為歐洲人知道的土地，以為自己來到的是當初對亞洲統稱的東印地，於是自以為是的叫這些人為印地安人，很不幸的，這樣的稱呼就此黏上了美洲原住民的身上，再也刷洗不掉這不正確的名稱。

其實這些美洲原住民是誰呢？他們可能是在冰河時期末期，由亞洲追逐動物而經由當初曾經存在、連接西伯利亞與阿拉斯加的草原而來到美洲的人。經過大約兩萬五千年的探索、改變，這些人從北而南，由現在的阿拉斯加、加拿大、美國逐漸往南來到了中美各小島及南美洲。兩萬五千年裡，他們演變出了非常多樣的生活形態，打獵、逐水草而居、養牧、耕種、交易，雖然分得很散，但他們有了自己的都市、文化、藝術、多樣的語言、建築、天文、數學，

人數在南美洲高達兩千五百萬人，在北美也有約四百萬人。

但是這些哥倫布都不知道，他和後來的人只覺得美洲原住民長得跟歐洲白人不同，高高的頰骨、膚色深褐加上鷹勾鼻，大多不穿衣服、不懂武器、沒有私人財產的概念、永遠不會說「不」。由於很難以語言溝通，再加上外表的截然不同，來自歐洲的這些人甚至還曾懷疑美洲原住民不見得是人，而只是長得和人很像的兩條腿動物。但美洲原住民以誠對待這九十個忽然從海上漂過來的人，他們可能以為是崇敬的天神下凡來了。

那時候的美洲原住民沒有私人財物的概念，所有土地都是給大家為了生存而使用的，所有物品都是為了生活而做的。他們從來沒有想到，這些白人會認為自己有權利擁有這片土地，沒有想到這些白人會自私自利的來奴隸他們。有人說當初美洲原住民的生活目的就是為了生存，但白人的生活目的卻是為了擁

有。就因為在理念上、行為上的南轅北轍，毫無心機的美洲原住民鬥不過這些城府很深的歐洲白人，很快的就被他們予取予求，而終至引來了美洲原住民的大悲劇。

因為聖薩爾瓦多看起來不像傳說中的東方，哥倫布接著又繼續探索附近的島嶼。但這都是些面積不大的島，日本呢？那個馬可波羅筆下的大島呢？找來找去，許多原住民都跟他說南方有個大島叫古巴，也許那是他要找的島。

哥倫布在 10 月 28 日找到了古巴，或者說是他一心以為的日本，但是，哪裡有雕梁畫棟的房屋呢？哪裡有穿金戴銀的皇帝和皇后呢？他在古巴上上下下的找，因為島太大了，他又認為這可能是中國本身，而不是日本。那麼日本呢？

有人跟他說附近有個島叫巴貝克，島上的人都在閃閃發亮的沙灘上洗金。哥倫布一聽，更認定那一定就是日本，於是馬上和品塔號出海去找尋巴貝克。誰知有個晚上，就在茫茫大海中，馬丁

船長駕駛的品塔號忽然消失了。他是遇到風浪嗎？還是蓄意不見的？是他受不了哥倫布的專制獨裁，還是像哥倫布寫在日記裡的，是極度的貪婪，想先去獨吞那島上的金子？品塔號就那樣消失了快兩個月，這兩個月期間，品塔號的確找到了巴貝克，也就是現在巴哈馬的大伊納瓜島。但是，上頭連一顆金沙也沒有。

到了12月，哥倫布終於在現今的海地，也就是西斯班諾拉島的原住民身上，看到了他尋找很久的金子。就在他駛船要繞到原住民口中的金礦地點時，聖塔瑪麗亞號在聖誕夜撞上了珊瑚礁，整艘船沉了下去。雖然想盡力挽救，但船實在破得太厲害了，旗艦船上的船員只好緊急登上妮那號，眼睜睜的看著大船沉沒。聖誕節那天，船員極盡全力把聖塔瑪麗亞號撈起，將船上還能使用的東西拿下來。

原本哥倫布並沒打算在此趟航行建立殖民地，但迫於情勢，品塔號消失

了，聖塔瑪麗亞號沉船了，一艘妮那號是無法載得下所有船員回航的，哥倫布只好下令在西斯班諾拉島以聖塔瑪麗亞號剩下的木板搭起了一個小碉堡，取名「聖誕節」，命令三十九人留下來等候他們回西班牙，再帶新的船隻來接他們。

1月4日，哥倫布準備啟航回西班牙了，他很擔心消失的馬丁船長會駕船先回到西班牙，搶走他所有的鋒頭。結果兩天後，品塔號出現了，儘管哥倫布不高興馬丁船長自行到別的島上找金子，說不定還私吞了不少金子，但他還是很慶幸回程能有品塔號同行。於是他們在1月16日一起離開了這些島嶼，開始了回程。

最風光的歲月

　　不知有沒有人想過，當初要是那兩艘船在任何一次暴風雨中沉沒了，今天的歷史會變成怎樣呢？在他們出航超過一年沒回來後，當時的人一定會更肯定的認為那三艘船，不是在恐怖的大海中被海怪吃掉了，就是航行到地球的邊緣後掉出去了。他們對西邊這一片大海的恐懼將更加深，對哥倫布「西行可以到東印地」的論點必定更嗤之以鼻。短期內就算有人願意再冒著生命危險去重試這條路線，要找到資助者恐怕更要難上加難，要花上比哥倫布更多年的等待。有多少人有他那鍥而不捨的精神、精力與執著呢？

　　如果這次他來到美洲的偉業埋沒在大海中，麥哲倫不會在三

十年後就完成航行世界一周的壯舉。美洲這片大陸，將持續與歐洲、亞洲隔絕，不知要再等多少年後，才有人會在「意外」的情況下來到這裡？還是等到地圓說更為大家所深信，等到海員對未知的大海不再迷信的懼怕後，才會再有第二個人願意當第一個從歐洲往西航行的英雄。若是那樣，今日的美洲就不會是今天這樣的風貌，美洲原住民可能還是這片土地的主人；南美洲不會是個幾乎都是西班牙文的天下，北美洲的美國也不會發展成為現今最進步的國家。

不過誰也不知道，哥倫布到此的事實若是消失在大海中，接下來「發現」這塊大陸的「外國人」會是哪一國的誰呢？會是多少年後的事呢？今天的美洲白人會是多數嗎？這片土地的主人還是美洲原住民？或是變成哪一個

國家的殖民地呢？

　　還好哥倫布多年的執著、超時代的遠見、勝於常人的勇敢沒有白費，兩艘小船都沒有栽在大海之中，在歷盡千辛萬苦的折磨後，哥倫布的第一次航行，就在1493年3月15日正式圓滿的畫下句點。他平安的進了港，只是在哥倫布拖著疲憊步伐回到西班牙時，赫然看見品塔號已經捷足先登的靠在港口了。不過哥倫布與馬丁的爭功諉過也在這時分出了勝負。馬丁先去信皇室，報告此行的發現，但伊莎貝爾皇后堅持要等哥倫布回來後才一併接見。在海上被大海折騰得精疲力竭的馬丁嚥不下這口怨氣，忌妒、怒氣充滿了心中，幾週後就病死西班牙，沒有享受到他該有的風光。

　　活著回來的船員，接下來的這幾週可說是風光到了極點，尤

其是哥倫布。

　　哥倫布可說是個一流的推銷員，在從帕羅港到巴塞隆納去晉見費迪南國王和伊莎貝爾皇后近一千三百公里的路上，他讓六個從島上帶回來的泰諾族人走在最前頭，他們身上畫著油彩，戴著金飾；然後是從島上帶回來的歐洲人未曾見過的如鸚鵡等各種動物。接下來，高高騎在馬背上，被眾人所擁戴著的，是哥倫布自己。

　　在這一千多公里的路上，不管走到哪裡，百姓扶老攜幼要來一睹他的風采；每個窗口、每個屋前都擠滿了歡呼的人潮。哇，經過那麼多年的等待，歷經了多少次的生死關頭，此時的哥倫布，終於享受到他應有的回報了。不再有人會覺得他是個瘋子，拒絕過他的所有君王此時都在咬牙切齒的悔不當初，從此哥

倫布這個名字，將會名留青史，為世人所知。哇，這時的哥倫布，該有多麼的得意啊！

4月30日，在哥倫布回到西班牙的一個半月後，他終於抵達了皇室所在的巴塞隆納。在他進宮時，國王皇后如接見異國君主一樣的站起來迎接他；在他要跪下去行大禮時，他們邀請他來坐在身邊；享用餐點時，有僕人先試過菜，確定菜中無毒；國王出門時，他就騎馬隨侍在側，這是彷如王子般的身分。

這時刻，當然不適宜讓皇室知道他所到之處，其實都找不到金銀財寶；這時刻，當然不能讓皇室覺得那地方不值得前往投資；這時刻，他是眾所矚目的焦點，他當然必須將此行渲染得更加豐富。為了標榜自己的成功，為了爭取更多次西行資金，為了讓伊莎貝爾皇后覺得這是一個傳

播天主佳音的最好機會，哥倫布告訴皇室他已經抵達日本了，也帶回了黃金與珠寶的樣本。他說日本是片富裕的土地，在那裡，處處閃著生機，河裡流著金沙。他還讓六個泰諾族人站出來，告訴皇室他們是最和善的民族，視白人如天神，非常願意接受天主的洗禮。

　　當初伊莎貝爾皇后之所以資助哥倫布的西行，有一大部分原因是為了宣揚天主恩澤，希望有更多人皈依天主。哥倫布是虔誠的教徒，他在日記中一再感謝上帝讓他不但達成任務還平安歸來。回程中他三度抽中畫了十字架的豆子，回到西班牙，他十分謙恭虔誠的前往教堂謝恩。他還告訴皇室，願意組織一批有四千騎兵、五萬步兵的軍隊東征去收復聖地耶路撒冷。這心願當然沒有機會實現，現在西班牙皇室積

極要拓展的，是他剛探訪回來的日本和東印地，費迪南國王和伊莎貝爾皇后命令他馬上為下一趟出海作準備，並囑咐哥倫布要好好對待「新殖民地」的人。若說第一趟出海時海員都以送死的心情跟船，那麼這第二趟隨行者的心情，可說是爭先恐後的上船，大家都懷著立即致富的期待，與第一趟出海簡直有天壤之別。

九死一生
的榮歸

　　回程，聽起來比較簡單，西班牙就在海的東方，比起去時的未知，船員心情都好了很多。可是，他們卻不能依原路回去，去時的東風將他們吹到了目的地，現在要回家了，他們必須找到有西風的路線。來回兩次的海路，都是以前沒有人航行過的路線，哥倫布及所有船員在大海中上上下下的嘗試，終於在百慕達的高度尋到西風，品塔號與妮那號就在美好的西風與氣候下航行了三週，希望能盡快回到西班牙，將好消息帶回去給國王皇后。

　　沒想到，天氣變了，海上起了颶風，狂風暴雨席捲著這兩艘歸來的船。第一天，品塔號不見了，第二、三天，更劇烈的風浪猛打著妮那號，連哥倫布也擔心自己會死在海上，他西行的豐功偉業將沒有人會知道。在絕望中，哥倫布找來一張羊皮，將此行的路線、經

過、成果簡短的寫上去，封在油布裡，再密封在桶子中，丟入了大海。他希望萬一自己真的葬身海底，這個桶子有朝一日會被撈起，他的血汗不會與他一起消失在大海裡。從丟下去的那一剎那開始，這個桶子再也沒有人見過。還好的是，哥倫布和這艘船並沒有沉沒。

颶風持續了三天後終於停了，2月15日早晨他們看到了陸地，那是葡萄牙最南端的島嶼。大難不死的水手需要穩固的陸地來休息，哥倫布不得不停靠島嶼。島嶼上的百姓非常驚訝會看到他們，沒有人相信在那樣大的颶風下，還有船員可以活著進來。不過，島嶼總督懷疑這是艘走私的船，所以逮捕了大部分船員。哥倫布據理力爭，以文件證明自己是西班牙資助的船隊，剛從東印地回來，雖然這點是打死都沒人相信，但有文件證明，島嶼總督不得不放人。疲倦的妮那號一心想趕快回到西班牙，沒想到中途又遇颶風，打亂了他們的計畫。不過也許是命不該絕吧，雖然回不

到西班牙，在 3 月 4 日，這艘船終究還是抵達了葡萄牙本土的里斯本外海了。

為了得到航行葡萄牙水路的許可，也為了修補歷盡滄桑的妮那號，哥倫布及船員不得不告訴葡萄牙人他們剛從東方回來，船隻遭颶風毀損，需要葡萄牙幫助修護，好讓他們回到西班牙，並且有被他們帶回來的原住民為證。葡王約翰二世聽到此消息，立刻召見哥倫布，雖然百般不願意，但人在屋簷下，不得不低頭，哥倫布還是去了。

葡王極度不肯相信這個一度被他拒絕的人真的會找到東方，並從東方帶回了人質，他懷疑這些人根本就是從葡萄牙在非洲的領地奪取過來的。哥倫布言語激動的極力說明，被葡萄牙許多大臣視為大不敬，要國王下令將這個大言不慚的人砍頭。不過葡王不願意得罪西班牙，所以最後還是將哥倫布放了，讓他開著修護好的妮那號回到西班牙。

1493 年 3 月 15 日，距離前一年離開西班牙七個月的時間，哥倫布自認是達

成任務的回來了。沒想到船剛靠岸，他們就看到在颶風中消失的品塔號原來已經捷足先登，早他們一步回到了西班牙，而且船長馬丁也已將成功歸來的消息送給西班牙王室了。不過可以讓哥倫布鬆一口氣的是，王室要求馬丁等哥倫布歸來後再一起晉見。幾個月的勞累加上與哥倫布相處的不快，馬丁極度失望後大病了一場，三週後就過世了。

然後，哥倫布就開始了他浮誇不實的報告了。他在對皇室的報告中，說他西行到了東方外海的島嶼，發現大部分的河流都閃著金沙，處處長著香料，金礦很大，各種金屬很多。對於島上的人，他說自己以成百上千的美麗東西來獲取他們的信任與愛戴，讓他們都願意皈依上帝。至於島上的風貌呢？他說那是一座座的大城，酋長在他筆下成了國王，而且自誇自己與國王建立了濃厚的友誼。所以他要求王室趕快再給他更大的船，更多的人，好讓他再度出海，為皇室帶回更多的財富。

　　就這樣，哥倫布成了海上司令，新島嶼總督。有了這樣高貴的新身分，哥倫布開始提出要如何統治這些新領地的計畫。他要求有更多的人過去建立殖民地、幫忙淘金以及讓原住民皈依。他的計畫書有人快馬加鞭的先行送到巴塞隆納給國王皇后，他自己則換上配合新身分的服裝，有侍從服侍一旁，帶回來的原住民也在展示行列之中，慢慢沿路遊行到首都。一路上，所有的百姓都出來夾道歡呼，大家都要一睹這位從西面海上回來的總督，看他從東方帶了哪些珍奇稀物回來。

　　這幾週大概是哥倫布一生中最風光的時候了，國王皇后親自站起來迎接這位海上英雄，給予他所想要的頭銜、財富，甚至連他幾個弟弟都被封上名號。他們仔細的看著哥倫布帶回來的東西，帶回來的人，開始想像這所有的一切都將屬於西班牙。

每下愈況

　　如果說第一次的出航有個沒人看好的開始，卻以風光來收場的話，那麼第二次西行就剛好相反，是風風光光的出航，怨聲四起的收場。

　　由於哥倫布回到西班牙後，在皇室前不斷的美化第一次的出航，所有參加第二次西航的人心中繪製的風景大約是這樣的：一路風平浪靜的到達日本，那裡的河川金光閃閃的流著金沙；哥倫布在聖誕節留下來的殖民地上，那三十九人已經挖出了如山的金礦等著他們去驗收；小島上那和氣的島民會張開雙臂迎接這群來自天上的神，等待著接受天主的洗禮。

　　第一個風平浪靜的願望並沒有太大的意外。因為船員都已經

相信日本就在海的另一岸，這回不再有人威脅哥倫布要叛變了；所有十七艘船上的人對已經冠上海上司令頭銜的哥倫布尊敬有加，相信他一定會帶領大家登上「黃金淹腳目」的日本。比起第一趟幾乎兩個月的行程，第二回他們在離開加那利群島後只花了二十二天，在 11 月 3 日就到達了同樣的海域，這也是哥倫布總共四次出航中，最充滿歡樂的一次旅程了。

因為哥倫布心中知道，他第一次足跡所到之處絕對沒有日本，所以在 11 月初抵達目前的加勒比海後，他並沒急著要回到西斯班諾拉島的「聖誕節」殖民地去看被他留下來的三十九人，反而先花了二十幾天在探勘附近的其他島嶼。他們走過了目前的多明尼加、美屬維爾克群島、處女島、波多黎各等地，但出乎他們

意料之外的，是他們所遇見的原住民不再視他們如天神下凡了，有一天在海上，他們和原住民起了衝突，雙方都有人在這場爭執中喪了命。

二次出航時那歡樂的氣氛因有人傷亡而破壞了，哥倫布也決定是該回到「聖誕節」的時候了。然而越靠近「聖誕節」碉堡，事情彷彿就越詭異。

上岸時，他們期待的洗金工作沒有人在進行，看到的卻是四具船員的屍體。這時哥倫布心中當然有數，但總是期待還有轉機。可是等到走近「聖誕節」，最糟的夢魘還是發生了，「聖誕節」被燒毀，所有的船員不見蹤跡。第二次跟來的人都難以接受這個事實。哥倫布不是說這裡處處黃金嗎？哥倫布不是說這些島民一定會像對待天神一樣來捧著他們嗎？怎麼見到的都跟哥倫布

描述的是截然不同的畫面呢？

　　後來有個泰諾族人出來解釋了發生的事情。留下來的這三十九個人自己起內鬨，大家都不願辛苦工作，便逼迫島民去找金子出來，還欺負島上的女人。泰諾族人敢怒不敢言，但這些人還惹火了島內另一族人，那比較強悍的一族人在忍無可忍之下追殺出來，將所有西班牙人與碉堡全數毀掉。

　　震驚中，哥倫布領著十七艘船離開了西斯班諾拉島，誰知道他的運氣也一路的往下跌。他往東想尋找一個新島來建殖民地，卻在逆風的情況下花了一個月的時間才走了六十四公里，船上的人病了，牲畜死了，食物壞了。在無計可施的情況下，他們草草的上了最近的一個島，命名為伊莎貝爾島，在那裡建立起另一個殖民地。

　　之後哥倫布帶著船到古巴去，他相信那是個大陸塊，也就是中國的所在。他把殖民地留給另一個弟弟迪亞各去統領，並命令十二艘船回西班牙要求皇室再提供更多的物資。

　　但留下來的人員中有貴族、有士兵，他們都不是來工作的，是來拿金子的，這群人不接受領導，拒絕工作。島上的烈日、暴風雨、溼氣都不是西班牙人熟悉的氣候，蚊子的肆虐更使許多人得了瘧疾。慈善的神父認為在泰諾族人聽懂傳教前，不應該一廂情願的讓他們受洗。所有該有的進度都進行得很緩慢，大多數人在這艱苦的日子裡，都難掩心中期望與現實的落差所造成的不滿，便將所有的怨氣、失望發洩在可憐的泰諾族人身上。

　　在第二次出航前，伊莎貝爾皇后曾交代要善待島上的人民。

但這些人，包括哥倫布在內，顯然都不覺得這是多重要的旨意。

哥倫布離開後，貪婪的西班牙人一個島接一個島的壓榨原住民，尤其在西斯班諾拉島，他們開始奴隸善良的泰諾族人，命令他們在洗不出金子的河裡洗出金子來，要他們提供所有食物。許多泰諾族人不堪虐待被折騰死了，有的得了西班牙人傳過去的疾病死了，還有人受不了這沒完沒了的壓榨，自殺死了。等到哥倫布在古巴及牙買加（這是此行新找到的島）找不到金子失望的回來時，島上的情況簡直已經失去控制了。

1495 年 3 月，一萬名泰諾族人起來大反抗，被哥倫布率領軍隊用比泰諾族人先進的武器輕易的制服了。在 1494 年到 1496 年三年之間，西斯班諾拉島的三十萬原住民死了約有十萬人，而後大

約五十年內，這族群終於悲哀的消失在地球上了。

1495年10月，回西班牙取得資助的船回來了，卻也給哥倫布帶來壞消息，回去求助的人向國王皇后報告了此處不適合居住、沒有多少金子的狀況，也提到了哥倫布不善領導的事實。哥倫布警覺到，是自己必須回西班牙護住名聲的時候了。

由於有第一次回程幾乎喪命的經驗，哥倫布選擇了另一條較南方的路，這回他是避開了海上風暴，不料卻多花了很多時間，船員幾乎要餓死海上。終於在離開了西班牙兩年九個月後，哥倫布在1496年6月11日又回到西班牙了。然而這次等待著他的，可不是如第一次那樣都是歡呼的掌聲喔。

一片混亂

　　當時歐洲人自我為中心的想法是，一切新發現的土地，只要還不是信仰基督的，通通屬於教宗所有，需要由教宗決定將這塊土地歸給哪個國家所管。那時的海上霸主是葡萄牙，在歐洲外海的小島、歐洲南邊的非洲，幾乎都是葡萄牙占了先機。所以西班牙皇室、教宗和葡萄牙皇室三方聚在一起，討論哥倫布蹤跡所到之處的東印地小島，該歸誰所有。

　　他們三方在大西洋上畫了一條假設的線，規定線的西方都歸西班牙，線的東方則歸葡萄牙。歐洲其他國家都不高興這種擅自分贓的方法，但也無可奈何。今日我們來看這種分法簡直莫名其妙，當初哥倫布一直以為自己到的地方是亞洲東方外海的島嶼，他們知道亞洲有大國中國、日本，卻仍這樣霸道的自己關起門來分贓，他們從沒想過那些土

地早有主人，如果中國皇帝、日本天皇知道他們的行徑，會做如何想呢？而且更不幸的是，哥倫布到的地方是一片與世無爭的原住民住所。這些不知人心險惡的原住民，敞開手臂在歡迎從海上來的客人，卻不知這群惡客，從此就不放過他們，大模大樣的反客為主，為他們帶來了無法彌補的大災難。

　　如果說第一趟出航的目的是找路，那麼接下來的就是殖民地的建立了；如果說第一趟出航的水手都是不情願的，那第二趟的水手可說是爭先恐後的。第二趟的出航，西班牙皇室派遣了十七艘的船，載運了一千兩百人，其中有政府人員是為了過去管理新殖民地秩序與法律的，有神職人員是為了過去傳教的，有醫生、有農夫、有工匠、有小孩，他們在短暫的幾個月內，將要在新殖民地獨立起來的道具都帶全了，食物、種子、工具、牛馬羊，唯一缺少的只是女人。

　　1493 年 9 月 25 日，哥倫布二度出航

了。有了之前的經驗，這次的航行似乎簡單多了，他們在 11 月 3 日又到達了現今的多明尼加。說簡單其實不簡單，哥倫布本身的航海經驗並不是很豐富，15 世紀的船隻儀器又很簡陋，能夠將這些船再度帶到差不多的地方，憑的不但是那些簡陋的儀器，還要有他絕佳的方向感。

他們到達這附近水域後，開始上上下下的尋找中國。哥倫布一直相信，這些島嶼都是日本外海的小島嶼，他要的不是這些地方，而是一個充滿黃金、珠寶、香料的國家。他在這第二趟出航中，航行過了上一趟沒有來到的大島如波多黎各、牙買加，他知道這些都不是大陸塊，於是他只好將希望擲在第一趟航行時找到的古巴大島。他一廂情願的自我欺騙，認為既然還沒能航行繞古巴一圈，那麼這個古巴必定是大陸塊；若古巴是大陸塊的話，那必定就是中國了。

由於第二趟航行人多難控制，在他

們還沒到達第一趟行程留下殖民地的西斯班諾拉島前，有些船隻擅自挑了島嶼就上岸，他們的腦袋想的大概是遍地黃金的景象，所以忍不住想上岸搶劫。但很快就發現這些地方除了一些他們覺得長得怪怪的人外，沒有什麼閃著金沙的河流或是金礦。他們在登陸的島上與原住民起了衝突，哥倫布第一趟出航以來的和平景象被破壞了，血腥事件由此開始。這些第二批的殖民者強搶原住民女孩，射殺不服從的原住民，白人美好的「神像」從此不再，難再取得原住民的信任。

　　船再啟航，哥倫布終於找到了西斯班諾拉島，卻驚訝的發現他在幾個月前建立起的小殖民地已夷為平地，留下來的那三十九人全部陳屍附近。這到底是怎麼一回事呢？

　　原來這些人在哥倫布走後就失去了秩序，誰也不服從誰，一心一意只想著黃金，以暴力命令這些原住民去找尋黃金，還搶奪他們的女孩。這些善良的原

住民無計可施，原本以為是天神下凡，沒想到才過沒多久時間，這些白人就露出猙獰面貌，讓原住民對他們失望透頂。幸好那附近還住著另一族比較強悍的原住民，這群原住民在與西班牙人發生衝突後追殺過來，將被哥倫布留下來的人通通殺掉，毀了小殖民地。

　　哥倫布一心一意就是要找到馬可波羅書上描寫的那金光閃閃的中國和日本宮殿，對於留下來的人在小殖民地與原住民發生衝突的原因和影響，似乎並沒有檢討、道歉的意思，只覺得既然這小殖民地毀了，這兒也沒有黃金，還不如再換個地方好了。於是他帶著船員繞到西斯班諾拉島北邊的島，在那邊重建一個殖民地，以西班牙皇后伊莎貝爾的名字為此地名。但這並不是一個很適合居住的地方，一場大雨下來，病的病，死的死，折損了哥倫布幾百個人。哥倫布口中的桃花源似乎不是事實，移民者對此相當失望。

　　1月底，哥倫布派遣十二艘船回去

請求西班牙國王、皇后再給他多一點食物、醫藥、衣服和有經驗的礦工，他自己則再度出海繞著這些島嶼，要去尋找中國。找來找去仍然找不到大陸地，無計可施的哥倫布再度來到古巴，他認為古巴太大了，根本就不是島嶼，也沒有驅船去繞繞看古巴海岸到底有無盡頭，就要求所有船員發誓他們已經找到大陸塊了，不肯發誓的不但要罰錢，還要割掉舌頭。雖然船員都覺得哥倫布想必是瘋了，卻不敢違背命令，大家通通發了誓，並讓船上的書記正式記錄了下來。不過發誓歸發誓，其中一名製圖師在回到西班牙後的幾年，畫出了當時的第一份新地圖，在上頭，古巴明明白白就是一個大島嶼。

要是哥倫布不要心急，願意往西再走幾百里，他就很清楚的可以知道古巴只是個大島。而且如果他肯往更西航去的話，他就可以到達墨西哥，在那裡，有哥倫布怎麼找都找不到的財富。

英雄末路

　　儘管聽了許多人對哥倫布負面的報告，幸運的是，費迪南國王和伊莎貝爾皇后還是選擇相信哥倫布的解釋，也同意再給他裝備第三次出航的船隻。但是，整個西班牙的百姓都已經聽說了新殖民地其實只有苦工而沒有黃金的傳說，所以這回肯再跟他上船的人少之又少，皇室只好特赦願意上船的罪犯、小偷；此次船員中最特殊的就是有了三十個女人，從此西班牙人可以在海外生根發芽了。

　　在 1498 年 5 月底，哥倫布啟航了。這回他想探險的，是比多明尼加更南的海域，看看是否有日本、中國的影子，所以他選擇了比較南方的水域。但他沒想到的是這時正值盛夏，南方海面熱

得像蒸籠，他們還一度駛進無風帶，船上所有的食物大概都在那八天裡發臭腐爛。

所幸他們還是熬過去了，在7月底到達了多明尼加的南方，來到了今天的千里達，還航行到了南美洲現今委內瑞拉的外海。哥倫布在這裡看到一條大河奔流入海的壯觀景象，他認為這樣大的河是不可能從小島流下來的。在日記中他這樣寫著：「我幾乎要相信這是一個未為我們所知的大洲了。」這是這麼多年以來哥倫布第一次起疑，開始懷疑這裡也許不是他一直要尋找的亞洲。

不久，他們遇見了一群手臂上戴著許多珍珠手環的原住民，喜出望外的哥倫布趕緊詢問上哪兒可以找到珍珠，原住民指向北邊，哥倫布便指揮船隻往北，他們經過了一個被哥倫布命名為瑪格麗特的小島。倘若哥倫布將船

停在此處的話，他會找到夢寐以求數不盡的珍珠，可惜他指揮船隻繼續往北，將這一大片財富留給後人去挖掘。

不幸的哥倫布在此時身體開始感覺不舒服，於是想回到殖民地去。在海上，他竟然巧遇兩年半未見的弟弟巴多羅梅，巴多羅梅告訴他，新建的殖民地聖塔多明哥已經有人叛變了，大約七十名不願做苦工的船員，跟著一個名為羅單的，不肯聽從指揮的人，跑去投靠一族叫做哈拉瓜的原住民，在那裡過著慵懶的生活，哈拉瓜人也因為有他們的保護，不再聽從巴多羅梅的命令。

哥倫布趕到西斯班諾拉島的聖塔多明哥殖民地，一方面跟叛變的頭領羅單周旋，答應他們既往不咎，願意留下來的人還給予房屋與土地，加上哈拉瓜原住民的伺候，並承諾給羅單市長的職

位。但另一方面他也派遣兩艘船回西班牙，報告了此行的發現與羅單的叛變，要求皇室送過來一名皇家法官。

他萬萬沒想到的是，兩年後的 8 月，他終於盼來了皇家的船，船上站著的卻是費迪南國王與伊莎貝爾皇后新任命的印地州長博拉笛亞，職位大於哥倫布，皇室命他來重整殖民地聖塔多明哥的秩序。見到新來的領導者，殖民地的人都有滿肚子的牢騷要發，叛變者更趁機來告狀，指控哥倫布兄弟領導無方。博拉笛亞在聽夠了這些抱怨後，命令哥倫布即刻前來，然後套上手銬腳鐐將他送入監牢。他弟弟巴多羅梅雖然馬上來自首，卻同樣難逃被捕的命運。

哥倫布大概怎樣也不會想到自己會有這麼一天，雖然他曾為了爭取更多資助而誇大此地的美

好，雖然他沒能送回足夠的金子給皇室，但在殖民地的開發上，他總是苦勞大於功勞，皇室怎麼會在八年後就忘了他的英勇冒險，而任他被當作犯人一樣的遣送回去呢？

往西通往
亞洲的水路

哥倫布的第三次、第四次出航，並沒有帶來太多的新發現。雖然在每次行程中，都有歐洲人從不知曉的島嶼、大洲被探訪，哥倫布也曾懷疑這是一片大洲，一片新的世界，但固執的他心心念念的仍是通往印地的水路，所以對他走過的這些地方到底是不是大洲、是不是新世界，他似乎並不太在意。

1503 年，一個自稱曾到過目前南美洲的亞美利哥發表過這樣一段文字:「可以合法的叫這是一個新世界，因為這些地方都是不為我們祖先所知悉的。對每個現在才聽到的人，這是全然的新世界……我發現了一片大洲，比我們的歐洲、亞洲或非洲擁有更多人、更多動物的大洲。」

亞美利哥是誰？亞美利哥就是後來為什麼美洲會叫做「亞美利加洲」的原因了。因為亞美利哥有上述那段文字的

認知及聲明，德國的製圖師馬丁‧瓦爾德澤米勒在 1507 年將亞美利哥的名字放在新繪製的世界地圖上，建議大家如此使用，從此新世界就以此名廣為流傳。

後來有不少的人質疑，這個亞美利哥究竟是誰，他的航海紀錄少之又少，關於「發現」新大陸的說法恐怕是他自我膨脹，或是剽竊而來，一個偌大的洲就這樣以「小偷」為名，而將真正第一個勇敢西行的人拋在腦後，恐怕是十分不公平的事。然而，亞美利哥這名字既已寫在新大陸上發表出去，大家沿用習慣，要改也不是一件容易的事，「美洲」就這樣無可奈何的沿用了這個名字，而哥倫布只淪落到成為美洲上的許多地名。

至於哥倫布心心念念要找的往印地的水路到底何時才發現的呢？ 1513 年，也是西班牙探險家貝爾波瓦在南美大陸聽當地人提起，在不遠的西方盡頭，有一片大海。於是他帶著一百九十個西班牙人和八百個當地人，開始翻山越嶺，

靠著當地人帶他走過叢林，花了三個禮
拜的時間，橫越了巴拿馬地峽，成為第
一個看到太平洋的歐洲人。那時的太平
洋還不叫做太平洋，貝爾波瓦衝進海
裡，馬上依歐洲人的慣例，宣稱這片海
洋已為西班牙所有。由於這片海洋的
「發現」，哥倫布的理論再度復活，也
許在這片海洋的另一岸，就是繁華富裕
的亞洲了。

最後的訣別

　　送他回西班牙的船長不忍心見到哥倫布被手銬腳鐐鎖住，表示在海上期間可以讓他自由行動。但哥倫布也是位很有骨氣的男子漢，他對國王皇后的尊重，以及強烈的自尊心，讓他驕傲的拒絕了這個善意的禮遇。

　　終於在 1500 年 11 月，哥倫布又回到西班牙來了，相對於七年前一千兩百公里風光從港口遊行到皇室的萬人空巷景象，這回的哥倫布簡直是虎落平陽，許多人聽到了他被逮捕送回，竟是以看笑話的態度在等著他的出現。直到他們看到這位當年的英雄落難成這種模樣，大家都於心不忍了，紛紛轉成同情。

　　所幸一直相當支持哥倫布的伊莎貝爾皇后，聽到他被當作囚

犯送回來時，馬上下令拿走哥倫布兄弟的鎖鐐。半個月後，哥倫布來到皇室跪下來請求原諒，伊莎貝爾皇后見到他的潦倒，忍不住也流下了眼淚。

只是，原諒了哥倫布是一回事，皇家卻也沒有再度讓他出海的表示。哥倫布接下來花了兩年時間，請求皇室記得他們對他頭銜以及財富的承諾，還有希望能再一次出航，好去尋找他認為藏在古巴後頭，通往印地的水路。

這段空白時間，哥倫布心情必定掉落到谷底。葡萄牙的達伽瑪已繞過非洲南岸往東到達了印度；葡萄牙的卡布羅在這一年發現了巴西；曾和哥倫布第一次出航的文森船長探訪了委內瑞拉；更叫人氣不過的，是亞美利哥洋洋灑灑的歸功自己發現了新大陸，幾乎要搶走哥倫布所有的風采。

　　兩年後因為煩不勝煩，西班牙皇室在派遣了新州長，帶著三十艘船到西斯班諾拉島的聖塔多明哥殖民地後，終於又答允了再讓哥倫布第四度出航。哥倫布喜出望外的帶著十三歲的兒子費南多和四艘船，飛奔也似的在二十一天後就抵達了聖塔多明哥。

　　就在這時，他看到隨新州長而去的船有二十八艘在此時要回航，他也看出了有強烈颶風馬上就要侵襲過來了。他要求州長提供他安全靠岸的地方，也警告別讓二十八艘船在此時出海。但新任州長對他不屑一顧，把他趕走後仍如期下令要那些船離岸。結果強烈颶風把二十八艘船打得七零八落，九百多公斤的黃金從此沉沒海底。三艘幾乎要解體的船撐回來通知州長這個不幸的消息，其中只有一艘船撐回到西班牙。而最奇妙的是，那艘船上載

著近兩百公斤的黃金，是簽好屬於哥倫布的。哥倫布認為這是上帝公平的審判，其他與他敵對的人卻說這是他要了魔鬼的伎倆。

被趕走的哥倫布繼續他尋找往印地水路的使命，在此趟行程中，他來到了現今的哥斯大黎加，在巴拿馬附近，上上下下的找著財寶和水路。他哪裡會知道，他與太平洋只有約八十公里之隔，而他夢寐以求的水路，要靠後人鑿穿巴拿馬運河之後才會開通的。

隔年 1503 年 6 月，哥倫布的四艘船，因為暴風雨的摧毀及鑿船蟲的肆虐，只剩下兩艘殘破不堪的船，等他們勉強撐到牙買加後，船就無法再使用了。哥倫布一行人就這樣被隔絕在牙買加，有兩名勇敢的船員志願划著獨木舟，前往八百公里外的西斯班諾拉島求救。沒有人知道他們會不

會平安到達殖民地，也沒人知道新任的州長願不願意派人來救援。這期間，一群不耐等候的船員叛變，想殺掉哥倫布後自己划船離開，幸好還是有一群忠誠的船員保護著他。哥倫布與一百多名船員就在牙買加等待了一年又五天，才等來了救援的船隻。

回到西斯班諾拉島後，哥倫布自知時不我與，新任州長對他毫無敬意，風溼病魔又折騰著他，於是哥倫布便在 1504 年 11 月 7 日回到西班牙，誰知最支持他的伊莎貝爾皇后在他回來後二十天就過世了。

自己的年紀已老大，加上一天壞似一天的身體，哥倫布知道從此他不可能再飄洋過海到那一片他開發的海域去了，於是便將所有精力花在向國王請求還給他應有的頭銜和股份。但在尚未得到滿意的答案前，他的身體已經

撐不下去了。 1506 年 5 月 20 日，這位一代英雄就與世長辭了。

從 1492 年 10 月到這時，十四年的歲月風霜，哥倫布為西班牙、為歐洲人開啟了一個新世界。沒有他的執著、遠見、毅力、耐力，這世界不可能那麼快的呈現在大家眼前；沒有他那永不放棄的心，中、南美洲不會是今日這樣一個以西班牙文為主要語言的區域。但是，這些他都不知道，他的夢想其實只是在找一條往西通往亞洲的水路，而這個夢想，到他死前都沒有實現。

之後的世界

在太平洋被納入西班牙領海時，葡萄牙已經找到下繞非洲再東行亞洲的水路了，只是這條水路危險難行，曾經由此路往東到馬來半島的麥哲倫，相信由美洲西行應該是比較容易的走法。他在自己國家提出此理論時遭到拒絕，卻反而得到當時西班牙國王查理一世的資助，在1519年9月帶著五艘船、兩百六十五人出航。

由西班牙西行到美洲已不是問題，問題是繞過南美到美洲西方的海峽，比他預估的遠了很多。他們在抵達太平洋前，已經經歷了船員反叛、船難（一條船）、上岸避冬，以及另一條船擅自回航西班牙等事件。相異於大西洋這邊的天氣潮浪，麥哲倫在繞過現在以他名字命名的麥哲倫海峽後，海洋豁然開朗，而且從此風平浪靜，為此麥哲倫叫這大海為太平洋。到了太平洋後，麥哲倫的

估計是幾週後就可以航行到印地。誰知幾週成了上月，上月成了好幾月。船上的食物吃光了，他們吃被老鼠啃得只剩粉的麵餅，喝已經泛黃發臭的水，還得花半枚金幣來買船上的老鼠吃。最後，什麼都沒了，他們把皮革泡在海水裡吞下了肚，連木屑也成了食物之一。最悲慘的是，許多船員因為缺乏維他命 C 而牙齦發腫無法進食，終至活活餓死。

　　1521 年 4 月，麥哲倫拖命來到了菲律賓，卻因介入當地戰爭而命喪異鄉。剩下的船員繼續他未完成的夢，在 1522 年 9 月回到了西班牙，當初的五條船只剩一條，兩百六十五人也僅剩十七人，他們共花了三年的時間在海上，成了世界上第一艘環繞世界一圈的船，以行動證明了地球真的是圓的。

　　西行往中國的水路終於通了，可惜距離遠超過當初歐洲人的想像，是條不值得如此走的路線。不過西班牙卻因為投資這條路線，意外成為第一個占領美洲的國家，在他們來到墨西哥後，終於

找到哥倫布遍尋不到的金礦，讓西班牙成為當時的首富。

對歐洲人來說，這個新世界因哥倫布的世紀壯舉而開發了。全歐洲，尤其是葡萄牙與英國，在哥倫布證明此路可行後，紛紛派遣船隻來搶食這塊大餅。歐洲因為找到了一片新大陸而多了無法想像的空間與金錢，但是對美洲的原住民而言呢？

倘若美洲原住民例如泰諾族人，也有文字歷史記載的話，1492年必定是他們深惡痛絕的一年，他們上萬年來的生活形態因西班牙人的闖入而從此不再；哥倫布帶進來的歐洲耕種方法，將這裡的土地破壞殆盡；歐洲人帶進來的疾病，更讓沒有抵抗力的原住民大量死亡。原本是這塊土地主人的原住民，被惡客逼到沒有生存空間，許多族裔從此滅絕。這豈是歐洲人一句「對不起」就能彌補的錯誤呢？

哥倫布在第四度離開西斯班諾拉島時，大概就知道此生他是不可能再回來

了。在他死前，最後的精力都花在跟費
迪南國王請願，請他還給他該得的頭銜
和金錢。在 1506 年過世前，他只拿到該
得的五十分之一的財產，直到 1509 年，
國王才再度還給他兒子迪亞各西斯班諾
拉島州長的官位。

　　哥倫布於 1506 年在塞維亞過世，但
死後仍不得安寧，他的墳墓被一遷再
遷，在西班牙時已遷過兩次，後來在
1541 年又被飄洋過海的帶到他所開發的
西斯班諾拉島上聖多明尼哥大教堂裡。
1795 年時西班牙將此島讓給法國，也同
時將哥倫布的墳墓遷到古巴。但也許是
忙中有錯，在 1877 年聖多明尼哥大教堂
翻修時，竟然又發現了一具棺木，上頭
寫著：「發現家哥倫布長眠於此」。這個
棺木目前仍留在聖多明尼哥大教堂中，
但在古巴的那個遺體則被送回西班牙，
就此留在塞維亞的教堂裡。於是目前哥
倫布的遺體鬧雙胞，至今不知道哪一具
才是真的。

　　歷史上對於哥倫布當然是有褒有

販，端看站在哪個角度。他執著的個性與耐力叫人欽佩，但他對宗教和財寶的追尋，造成對美洲原住民的糟蹋，也讓他成了千古罪人。他「發現」的美洲被冠上別人的名字，他的遺體也有別人來混淆。時勢造英雄，但當初的時勢也讓他在今日被許多人唾棄，說他是「殖民主義之父、第一位海盜和首開奴隸買賣」的探險家。如果哥倫布地下有知，是不是也會無可奈何的嘆息呢？他會不會說其實他要的只是一條由歐洲往西直航亞洲的水路，以及這條水路帶來的財富。其餘因他而衍生出來的問題，都不是他所能預知與控制的，世人就放了他，讓他入土為安吧。

哥倫布 小檔案

1451 年　誕生。

1478 年　接受委託，到馬德拉群島談生意。

1480 年　與妻子多娜‧斐麗白所生的兒子迪亞各出生。

1484 年　為西航尋求葡萄牙國王約翰二世的資助，但國王並沒有答應。

1485 年　轉往西班牙尋求資助，伊莎貝爾皇后讓他領薪等待。

1492 年　8 月，首次西航；10 月，發現陸地。

1493 年　1 月，啟程回西班牙。3 月，抵達西班牙的港口。9 月，再次出航。

1496 年　　6 月，回到西班牙。

1498 年　　5 月底，第三次西航。

1500 年　　於殖民地被逮捕並遣送回西班牙。

1502 年　　第四次西航。

1504 年　　11 月，回到西班牙。

1506 年　　與世長辭。

兒童文學叢書

每個孩子都是天生的詩人

您是不是常被孩子們千奇百怪的問題問得啞口無言？
是不是常因孩子們出奇不意的想法而啞然失笑？
而詩歌是最能貼近孩子們不規則的思考邏輯。

小詩人系列

 現代詩人專為孩子寫的詩

 豐富詩歌意象，激發想像力

 詩後小語，培養鑑賞能力

 釋放無限創造力，增進寫作能力

 親子共讀，促進親子互動

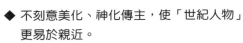

國家圖書館出版品預行編目資料

探險家土匪：哥倫布 / 趙映雪著;徐福騫繪. －－初版
三刷. －－臺北市：三民，2018
　　面；　　公分. －－(兒童文學叢書/世紀人物100)

　ISBN 978–957–14–4766–7　（平裝）

　1. 哥倫布(Columbus, Christopher, 1451–1506) －傳
記－通俗作品

784.58　　　　　　　　　　　　　　　　96009993

©　探險家土匪：哥倫布

著 作 人	趙映雪
主　　編	簡　宛
繪　　者	徐福騫
發 行 人	劉振強
著作財產權人	三民書局股份有限公司
發 行 所	三民書局股份有限公司
	地址　臺北市復興北路386號
	電話　(02)25006600
	郵撥帳號　0009998–5
門 市 部	（復北店）臺北市復興北路386號
	（重南店）臺北市重慶南路一段61號
出版日期	初版一刷　2007年6月
	初版三刷　2018年1月修正
編　　號	S 781920

行政院新聞局登記證局版臺業字第○二○○號

有著作權·不准侵害

ISBN　978–957–14–4766–7　　（平裝）

http://www.sanmin.com.tw　三民網路書店
※本書如有缺頁、破損或裝訂錯誤，請寄回本公司更換。